廣論止觀初探

第四卷 學奢摩他法三

收錄範圍 0109—0153

出版緣起

至尊宗喀巴大師（1357 − 1419），依阿底峽尊者《菩提道炬論》為基，著作了曠世巨著——《菩提道次第廣論》（以下簡稱《廣論》），此論以三士道為架構，總攝一切佛語扼要為一凡夫至成佛所應修持之道次第，並以諸大經論為依據，引領志求佛道者依循三主要道——出離心、菩提心、空正見，最終獲證無上菩提的果位。為令具緣者獲得真實的饒益，宗喀巴大師在後二波羅蜜多開展出〈奢摩他〉及〈毗缽舍那〉（即寂止與勝觀，簡稱止觀）二章，篇幅足佔半部《廣論》，理路嚴謹、破邪顯正，闡揚諸大教典清淨的見地，足見大師深廣的悲心與智慧。

恩師上日下常老和尚（1929 − 2004），深見《廣論》教授之殊勝，首於 1988 年圓滿講述《廣論》160 卷錄音帶，然而對於止觀章，老和尚當年僅簡要開示，然因眾弟子因緣尚不成熟，始終未能廣講。

真如老師曾從任杰老居士聽聞《四百論》、《入中論》等中觀論典；也在拉卜楞寺的洛桑嘉措上師座前聽受《略論・毗缽舍那》；在哈爾瓦・嘉木樣洛周仁波切座前分別求得《廣論》及《廣論・四家合註》的講說誦授傳承；也在哲蚌寺果芒僧院大格西功德海座下聽受《入中論辨析》等教授。日常老和尚數數讚許真如老師深體般若真義，於晚年將宣講《廣論》止觀章之重任囑咐老師。

2004年來，真如老師謹遵師教，荷擔福智團體僧俗學修之重任，傳持老和尚依法調伏之宗風，並積極推動恭誦《大般若波羅蜜多經》，為修學圓滿教法累積廣大資糧。2018年起，真如老師也帶領僧俗弟子重新深入《廣論》，開始宣講《廣海明月》，在老和尚所築構之深厚基礎上，數數策發弟子對般若空性的熾盛希求。

世間老病交煎、無常迅速的生命相狀，是老師的椎心之痛，全球嚴峻的大流行疫情，更顯生死之苦的難忍。宗喀巴大師於《緣起讚》中說：「世間所有諸衰損，其根乃為無明暗，由何觀照能還滅，是故宣說緣起法。」因此，痛苦越是劇烈，老師宣講止觀的心意也越發熾烈。

出版緣起

在 2020 年 10 月 15 日——日常老和尚圓寂 16 週年的紀念日，真如老師正式開講「廣論止觀初探」。老師懷著潔白清淨的悲心，精勤研閱止觀的教授，嚴格遵循《廣論・四家合註》及五大論等教理，詳思審度、殫精竭慮，力求傳遞清晰正確的義理，只為以空性這帖不死的甘露藥為饋贈，徹底醫治天下生老病死。

真如老師以每週一次線上影像檔的方式，帶領僧俗弟子逐字逐句研討《廣論》止觀章，將法義巧便送入所化機心中。諄諄教誨有如盞盞明燈，指引學人避開斷常二邊的險崖，遠離錯謬見解的溝壑。老師亦時常鼓勵弟子珍惜善根、發歡喜心堅持學習，即使甚深空性的天空廣袤地令人望而生畏，但是依著善知識的引領，具信的弟子們也能乘著強大的信心之風，如雄鷹般翱翔於無邊的正理蒼穹。

應世界各地學人的希求，弟子們將開示輯錄成冊，正式付梓，願令學法道侶喜沾甘露法語之潤澤，同受無垢正理之救怙，直趣無上菩提之正道。

祈願正法久住，善士久住！

祈願世界和平，眾生安樂！

祈願全人類早日穿越疫情的苦痛，安康吉祥！

　　　　　　　　　　　　　大慈恩譯經基金會　謹識

編輯凡例

一、《廣論止觀初探》收錄真如老師於 2020 年 10 月起，開始講授《菩提道次第廣論》之〈奢摩他〉及〈毗缽舍那〉之開示。由弟子們錄影、整理文稿，各講次均按順序編號，並標記各段落影音檔之時間點，便於讀者相互查閱。各講次雖為真如老師於不同時間所錄製而成，然內容實為相互連貫。

二、本書引用之《菩提道次第廣論》原文，根據大慈恩・月光國際譯經院於《菩提道次第廣論四家合註白話校註集 5・奢摩他》（台北市：福智文化，2021）所改譯之版本。與法尊法師譯《菩提道次第廣論》原文略有差異，為令讀者易於參照，故於書前附上改譯版本，並於各講第一頁標示奢摩他校訂本與福智第三版之頁數與行數。

三、本書所引《菩提道次第廣論》原文以及其他經典，皆採**黑色粗楷體**。《菩提道次第廣論》科判以**黑色粗明體**呈現。真如老師講授文字以黑色細明體呈現。

四、《菩提道次第廣論四家合註》之四位祖師箋註分別為巴梭法王箋註、妙音笑大師箋註、語王堅穩尊者箋註、札帝格西箋註。在本書中巴梭法王箋註以紅字呈現，並於每段箋註前標上小字的㊗️巴；妙音笑大師的箋註，其箋註以藍字呈現，並於每段箋註前標上小字的㊗️妙；語王堅穩尊者箋註以綠字呈現，並於每段箋註前標上小字的㊗️語；札帝格西箋註只註解毗缽舍那的部分，其箋註以褐字呈現，並依藏文母本不作標記。

五、本書所列之章節、標題為編輯所加入，旨在幫助讀者易於分辨、理解正文及引用經文。

六、真如老師開示時，於語句中未明示，但以手勢表達意涵者，為使文意清晰，會在原文後插入（）內容，加以註解。

七、本書附錄講次與廣論段落對照表，以表格整理講次、章節、標題、影音檔長度及廣論段落，便於讀者學習時查閱。

八、每一講次前皆附上該講次影音檔 QR code，以利讀者掃描至大慈恩譯經基金會（https://www.amrtf.org）之〈廣論止觀初探〉課程網頁，學習每一講開示。

九、本書雖經反覆審校，然詞義舛誤，掛一漏萬之處難以避免，懇請博雅碩學，十方大德不吝斧正是幸！

目錄

出版緣起　　　　　　　　　　　　　　　　2
編輯凡例　　　　　　　　　　　　　　　　6

《菩提道次第廣論・奢摩他》原文　　　　　10

正明引生住心次第
講次 0109　九住心（一）　　　　　　　44
講次 0110　九住心（二）　　　　　　　52
講次 0111　九住心（三）　　　　　　　60

由六力成彼之法
講次 0112　六力成就九住心　　　　　　70
講次 0113　九住心先後次第的理由（一）　79
講次 0114　九住心先後次第的理由（二）　86
講次 0115　總結九住心的次第　　　　　93

彼具四作意之理
講次 0116　四種作意（一）　　　　　　104
講次 0117　四種作意（二）　　　　　　110
講次 0118　總攝九住心（一）　　　　　117
講次 0119　總攝九住心（二）　　　　　125

顯示奢摩他成與未成之界限
講次 0120　成就寂止的標準（一）　　　134
講次 0121　成就寂止的標準（二）　　　142
講次 0122　成就寂止的標準（三）　　　149
講次 0123　成就寂止的標準（四）　　　154
講次 0124　成就寂止的標準（五）　　　160
講次 0125　成就寂止的標準（六）　　　167
講次 0126　成就寂止的標準（七）　　　173
講次 0127　成就寂止的標準（八）　　　181
講次 0128　成就寂止的標準（九）　　　189
講次 0129　成就寂止的標準（十）　　　195

有作意相及斷疑

講次 0130	獲得寂止的象徵（一）	204
講次 0131	獲得寂止的象徵（二）	212
講次 0132	獲得寂止象徵的釋疑（一）	219
講次 0133	獲得寂止象徵的釋疑（二）	226
講次 0134	獲得寂止象徵的釋疑（三）	233
講次 0135	獲得寂止象徵的釋疑（四）	239
講次 0136	獲得寂止象徵的釋疑（五）	247

總示依奢摩他趣道軌理

講次 0137	依靠寂止行進於勝觀	254
講次 0138	世間道與出世間道的勝觀	261
講次 0139	今生以世間道前行的四種補特伽羅（一）	267
講次 0140	今生以世間道前行的四種補特伽羅（二）	274
講次 0141	奢摩他是內外道共通的基礎	283
講次 0142	生起寂止的目的（一）	289
講次 0143	生起寂止的目的（二）	296
講次 0144	生起寂止的目的（三）	303

別顯往趣世間道軌

講次 0145	修粗靜為相之道前須獲得寂止	312
講次 0146	了相作意並非第一靜慮之首	321
講次 0147	依靠寂止而對欲界離欲的方法	328
講次 0148	七種作意的內涵	335
講次 0149	雙修止觀方能斷除煩惱	341
講次 0150	七種作意漸次摧壞煩惱	347
講次 0151	僅修粗靜相道不能度脫生死	357
講次 0152	修奢摩他法的經論依據	364

結頌

| 講次 0153 | 奢摩他章結頌 | 372 |

附錄

| 各講次與廣論段落對照表 | 384 |

第二、依彼引生住心次第，分三：一、正明引生住心次第；二、由六力成彼之法；三、彼具四作意之理。

初中九心：一、**於彼彼內住者**，謂從一切外所緣境正攝其心，令其內注所緣。《莊嚴經論》云：「心注所緣已。」

二、**續住者**，謂初所注心令不餘散，即於所緣相續而住。如云：「其流令不散。」

三、**安住者**，謂若忘念散於外境，知已還復安置前所緣境。如云：「散亂速覺了，還安住所緣。」

四、**近住者**，《修次初篇》說，前安住心是知散斷除，此近住心是散亂斷已，勵力令心住前所緣。《般若波羅蜜多教授論》說，自然從廣大境數攝其心，令性漸細上上而住，此同如云：「具慧上上轉，於內攝其心。」《聲聞地》說，先應念住，不令其心於外散動。

謂起念力，令不忘念於外散動。

五、**調順者**，謂由思惟正定功德，令於正定心生欣悅。如云：「次見功德故，於定心調伏。」《聲聞地》說，由色等五境，及三毒、男、女隨一之相令心散動，先應於彼取其過患，莫由十相令心流散。

六、**寂靜者**，謂於散亂觀其過失，於三摩地止息不喜。如云：「觀散亂過故，止息不樂彼。」《聲聞地》說，由欲尋思等諸尋思，及貪欲蓋等諸隨煩惱擾亂心時，先應於彼取其過患，於諸尋思及隨煩惱不令流散。

七、**最極寂靜者**，謂若貪心、憂心、昏沈、睡眠等生，能極寂靜。如云：「貪心憂等起，應如是寂靜。」《聲聞地》說，若生忘念，而起如前所說尋思及隨煩惱，隨生尋斷，悉不忍受。

八、**專注一境者**，為令無勞而轉故，而正策勵。如云:「次勤律儀者,由心有作行,能得任運轉。」又如《聲聞地》云:「由有作行令無缺間,相續安住三摩地流,如是名為專注一趣。」應如是知。又見第八住心取名「專注一趣」,即由此名易了其義。

九、**平等住者**,《修次》中說,心平等時當修等捨。《般若波羅蜜多教授論》說,由修專注一趣,能得自在,任運自然而轉。如是又云:「從修習,不行。」《聲聞地》說名「等持」,其義彼論亦明顯云:「數修、數習、數多修習為因緣故,得任運轉、自然轉道。即此無作行、任運,能令其心於無散定續流而轉,故名等持。」此中九心立名,是如所引《修次初篇》等文,如云:「此奢摩他道,是從《般若波羅蜜多》等所說。」

第二、**由六力成彼之法**:力有六種:一、聽聞力,二、思惟力,三、憶念力,四、正知力,五、精進力,六、串習力。此等能成何心之理者,由聽聞力成內住心,以唯隨順從他所聞於所緣境住心教授,僅是最初繫於所緣,非自數思數修習故。由思惟力成續住心，以於最初繫於所緣，由數思惟將護其流，初得略能續其流故。由憶念力成辦安住、近住二心，以從所緣向外散時，憶先所緣於內攝錄；及從最初生憶念力，從所緣境不令散故。由正知力成辦調順、寂靜二心，以由正知了知尋思、隨煩惱相流散過患，見為過患，令於彼二不流散故。由精進力成辦最極寂靜、專注一境二心，以雖略生尋思及隨煩惱，亦起功用斷滅而不忍受；由此因緣，其沈掉等不能障礙妙三摩地，能成相續所生三摩地故。由串習力成等住心，以於前心極串習力，能生無勞自然而轉三摩地故。此等是如《聲聞地》意，雖見餘說然不可信。

此中若得第九住心，如誦經等至極串熟，先發誦念等起而誦，雖於中間心往餘散，然所誦念任運不斷。如是初念注於所緣，令起一次等引，次雖未能恆依相續念知，然三摩地能無間缺相續長轉。由其不須功用相續恆依念知，故名「無加行」或名「無功用」。能生此者，先須相續功用依念、正知，令沈掉等諸障品法不能障礙，生一久續三摩地，此即第八住心。此與第九，雖沈掉等三摩地障不能為障，二心相同，然於此心必須無間依念正知，故名「有行」或「有功用」。能生此者，須於微細沈掉等法，隨生隨除而不忍受，故須第七心。生第七心，須先於諸尋思及隨煩惱散亂知為過患，由有力正知，於彼等上偵察令不流散，故須第五及第六心，此二即是有力正知所成辦故。能生此者，復須散失所緣亦即速憶所緣，及須最初不從所緣散亂正念，故須第三及第四心，以此二心即彼二念所成辦故。又生此者，須先令心繫於所緣，及令所繫續流不散，故應先生初二種心。

如是總謂先應隨逐聽聞教授，善修令心等住之理。次於如是安住，由數思惟令略相續而護其流。次若失念而散亂時速應攝錄，忘所緣境速應憶念。次更生起有力正念，從初便發不散所緣念力。若已成辦有力憶念，當觀所緣散亂沈掉等過，以發猛利偵察正知。次當起功用力，雖由微細忘念而散，亦能無間了知而截其流。既斷除已,令諸障品不能為障,漸延續流。生此力時,策勵修習,得修自在,即能成辦第九住心,無諸功用成三摩地。

是故未得第九心前,修瑜伽師須施功用,於三摩地安住其心。得九心已,雖不特修等住功用,心亦自然成三摩地。雖得如是第九住心,若未得輕安,如下所說尚不立為得奢摩他,何況能得毘缽舍那?然得此定,有無分別、安樂、明顯而嚴飾者,誤為已生等引、後得共相合糅無分別智。尤見極多於《聲聞地》所說第九住心,誤為已圓滿生無上瑜伽之圓滿次第者,下文當說。

第三、**彼具四作意之理**:如《聲聞地》云:「即於如是九種心住,當知復有四種作意:一、力勵運轉;二、有間缺運轉;三、無間缺運轉;四、無功用運轉。於內住、等住中,有力勵運轉作意。於安住、近住、調順、寂靜、最極寂靜中,有有間缺運轉作意。於專注一趣中,有無間缺運轉作意。於等持中,有無功用運轉作意。」

　　此說初二心時,須勤策勵,故立力勵運轉作意。次五心時,由沈沒、掉舉故,中有間缺不能經久座修,故立有間缺運轉作意。隨後第八心時,沈沒、掉舉不能為障,而能經久座修,故立無間缺運轉作意。隨後第九心時既無間缺,又復不須恆依功用,故立無功用運轉作意。若爾,初二心時,亦有有間缺運轉,中五心時,亦須力勵,云何初二不說有間缺運轉作意,於中五心不說力勵運轉作意？答:初二心中,心成不成定,後者極長;中間五心住定極長,故於後者立三摩地間缺之名,前者不爾。故雖俱有力勵運轉,然間缺運轉有無不同,故於力勵運轉作意,未立五心。

　　如是謂住前說資糧,恆依精進修三摩地,乃能成辦正奢摩他,若略修習一次二次,還復棄捨所修加行,必不能成。如《攝波羅蜜多論》云:「由無間瑜伽,精勤修靜慮。如數數休息,鑽木不出火,瑜伽理亦然,未得勝勿捨。」

　　由修成辦奢摩他量，分三：一、顯示奢摩他成與未成之界限；二、總示依奢摩他趣道軌理；三、別顯往趣世間道軌。初又分二：一、顯示正義；二、有作意相及斷疑。今初：

　　若善了知如前所說修定之軌而正修習，則九住心如次得生。此第九心能盡遠離微細沈掉，經久座修。此復若得任運而轉妙三摩地，不待策勵功用相續依止正念正知，是否已得奢摩他耶？茲當解釋。得此定者，有得未得輕安二類，若未得輕安，是奢摩他隨順，非真奢摩他，名「奢摩他隨順作意」。《解深密經》明顯說云：「世尊，若諸菩薩緣心為境，內思惟心，乃至未得身心輕安，於此中間所有作意，當名何等？慈氏，非奢摩他，是名隨順奢摩他勝解相應作意。」《莊嚴經論》亦云：「由習而無作，次於彼身心，獲得妙輕安，名為有作意。」此處作意，即奢摩他，如下所說《聲聞地》

文。《修次中篇》亦云：「如是修習奢摩他者，若時生起身心輕安，如其所欲心於所緣獲得自在，應知爾時生奢摩他。」此說須具二事，謂於所緣得自在住及發輕安。故《修次初篇》說：「若時於所緣境不用加行，乃至如欲心得運轉，爾時應知是奢摩他圓滿。」意亦已得輕安，《修次中篇》顯了說故。又《辨中邊論》說八斷行中之捨，與此第九心同一宗要，但此非足，彼論亦說須輕安故。《般若波羅蜜多教授論》亦云：「如是菩薩獨處空閒，如所思義而起作意，捨離意言，於心所現多返作意，乃至未生身心輕安，是奢摩他隨順作意。若時生起，爾時即是正奢摩他。」此說極顯。此等一切皆是決擇《深密經》義。

若爾，未生輕安以前，此三摩地何地攝耶？答：此三摩地欲界地攝；三界九地隨一所攝，而非第一靜慮近分以上定故；以得近分決定須得奢摩他故。於欲地中雖有如此勝三摩地，然仍說是「非等引地」，而不立為「等引地」，其因相者，以非無悔、最勝喜樂、輕安所引故。如是亦如《本地分》云:「何故唯於此等名『等引地』,非於欲界心一境性?謂此等定,是由無悔、勝喜、輕安、妙樂所引。欲界不爾,非欲界中於法全無審正觀察。」如是若未獲得輕安,雖三摩地不須相續依止正念,自然能成心無分別,復現似能合糅趨、行、坐、臥一切威儀,應知是名「欲界心一境性」,不可立為真奢摩他。

若爾,云何能得輕安之理?得輕安已,又云何為能成奢摩他理?答:應知輕安如《集論》云:「云何輕安?謂止息身心粗重續流故,身心堪能性,除遣一切障礙為業。」身心粗重者,謂其身心於修善行,無有堪能隨欲遣使。能對治此身心輕安者,由離身心二種粗重,則遣身心令行善事極有堪能。又能障礙樂斷煩惱,煩惱品攝內身粗重,若勤功用斷煩惱時,其身重等不堪能性得遣除已,身獲輕利,名身堪能。如是為斷煩惱,所謂能障樂斷煩惱,煩惱品攝內心粗重,由是勤功用時,不堪愛樂運轉注善所緣得遣除已,心於所緣運轉無滯,名心堪能。如是亦如安慧論師云：「此中身堪能者，謂於身所作事輕利生起。心堪能者，謂令趣正作意之心，能得適悅、輕利之因餘心所法；以若具此，能於所緣無滯運轉，是故名為『心堪能性』。」總之雖欲功用斷除煩惱，然如拙於事者趣自事業畏怯難轉；若得輕安，如是身心不堪能性皆除遣已，遣使身心極具便利。如是身心圓滿堪能，是從初得三摩地時，便有微細少分現起，次漸增長，至於最後而成輕安、心一境性妙奢摩他。又初微故難可覺了，後乃易知。如《聲聞地》云：「唯於其初發起如是正加行時，起心輕安，若身輕安、身心堪能，微細難覺。」又云：「即前所有心一境性、身心輕安漸更增長，由此因果轉承道理，而能引發粗顯易了心一境性、身心輕安。」

將發如是眾相圓滿易了輕安所有前相，謂勤修定補特伽羅，於其頂上似有重物，然其重相非不安樂。此生無間，即能遠離障礙樂斷煩惱心粗重性，即先生起能對治彼心輕安性。如《聲聞地》云：「若於爾時，不久當起粗顯易了心一境性、身心輕安所有前相,於其頂上現似負重,又非損惱之相。此起無間,能障樂斷、諸煩惱品心粗重性皆得除滅,能對治彼心調柔性、心輕安性皆得生起。」

次依內心堪能輕安生起力故,有能引發身輕安因——風息流身,此風通遍身分之時,身粗重性皆得遠離;諸能對治身粗重性,身輕安性即能生起。此復舉身充實,而由堪能風力,狀似滿溢。如《聲聞地》云:「由此生故,有能隨順起身輕安,諸風大種來入身中。由此大種於身轉時,能障樂斷、諸煩惱品身粗重性皆得遣除;能對治彼身輕安性,遍滿身中,狀如滿溢。」此身輕安,謂極悅意內身觸塵,非心所法。如安慧論師云:「歡喜攝持身內妙觸,應當了知是身輕安。契經中說:『意歡喜時身輕安』故。」

如是此身輕安最初生時,由風力故,身中現起強烈樂受。由此因緣,心中喜樂覺受轉更勝妙。其後輕安初勢漸趣微細，然非輕安一切永盡，是初粗顯太動其心，彼漸退已，當有輕安輕薄如影，無諸散動與三摩地隨順而起。心踊躍性亦漸退已，心於所緣堅固而住，遠離大喜擾動不寂靜性，是即獲得正奢摩他。《聲聞地》云：「彼初起時，令心踊躍、令心悅豫、歡喜俱行；令心喜樂、所緣境界於心中現。從此已後，彼初所起輕安勢力漸漸舒緩，身具輕安猶如光影。心踊躍性亦當捨卻，由奢摩他令心堅固，以極靜相轉趣所緣。」

如是生已，得奢摩他，或如論云：「名有作意」，始得墮在「有作意」數。以得第一靜慮近分所攝正奢摩他，乃得等引地最下作意故。

如是亦如《聲聞地》云：「從是已後，其初發業修瑜伽師名有作意，始得墮在『有作意』數。何以故？由此最初獲得色界等引地少作意故。由此因緣，名『有作意』。」言等引地者，是上二界地之異名。

第二中，有作意相者：言「已得作意」所具自他所能明了相、狀者，謂由獲得如是作意，則得少分色地攝心、身心輕安、心一境性四者；有力能修粗靜相道或諦相道，淨治煩惱；內等引時，身心輕安疾疾生起；貪欲等五蓋多不現行；出等引時，亦有少分身心輕安。如是亦如《聲聞地》云：「得此作意初修業者有是相狀，謂已得色界少分定心，已得少分身心輕安、心一境性，有力有能善修淨惑所緣加行，其心相續滋潤而轉，為奢摩他之所攝護。」又云：「於內正住而坐，投注心時，身心輕安疾疾生起，不極為諸身粗重性之所逼惱，不極數起諸蓋現行。」又云：「雖從定起，出外經行，亦有些許身心輕安。如是等類，當知是名有作意者清淨相、狀。」

　　由得具足如是相狀作意，奢摩他道極易清淨，謂由等引心一境性奢摩他之後，速能引起身心輕安，故令輕安轉增；如彼輕安增長之量，便增爾許心一境性妙奢摩他，互相輾轉能增長故。如是亦如《聲聞地》云：「如如增長身心輕安，如是如是於所緣境心一境性轉得增長；如如增長心一境性，如是如是轉復增長身心輕安。心一境性及以輕安，如是二法輾轉相依，輾轉相屬。」總之，若心得堪能時，風、心同轉，故風亦堪能，爾時其身便起微妙殊勝輕安。此若生起，心上便生勝三摩地；復由此故，其風成辦殊勝堪能，故能引發身心輕安，仍如前說。

斷疑者：如是於說無分別第九心時，雖於念知不起恆勤功用，心成等持；又盡滅除微細沈沒，具明顯力；又如前身輕安時說，由其風大堪能力故，能與身心勝妙安樂。此三摩地，如於前述相狀時說，貪欲等蓋諸隨煩惱多不現行；雖出等引，不離輕安。若生具此功德之定，於五道中立為何位？答：若生如是妙三摩地，現見今昔有極多人，總體立為大乘之道，尤由隨順生輕安風，狀似舉身安樂充滿，依此身心起大調適；又見具足無諸分別、最極明顯二種殊勝，故許為無上瑜伽中備諸德相圓滿次第瑜伽。然依慈尊、聖無著等諸大教典，及

《中觀修次》等明顯開示修定次第定量諸論而觀察之，此三摩地尚未能入小乘之道，何況大乘？《聲聞地》說，此觀粗靜為相諸世間道，能成第一靜慮根本定者，亦依此定而引發故。是以外道諸仙由世間道，於無所有以下諸地能離欲者，亦須依此而趣上道，是故此定是內外道二所共同。或由無倒達無我見，及善覺了三有過失，而厭生死、希求解脫，由此出離意樂攝持，成解脫道；若由菩提心寶攝持，亦能轉成大乘之道。如與畜生一摶之食所行布施，及護一戒，若由彼二意樂攝持，如其次第，便成解脫及一切智道之資糧。然今非觀察由餘道攝持，能不能成解脫及一切智道，是就此定自性觀察為趣何道。

又中觀師與唯識師如何決擇毘缽舍那正見之境雖有不同，然總明止觀，及於相續生彼證德總體軌理全無不合。故聖無著於《菩薩地》及《攝決擇分》、《集論》、《聲聞地》中別分止觀二中，若修止者，說由九心次第引發；此復於《聲聞地》決擇最廣，故不許彼定即是修毘鉢舍那法。以諸論中離九住心，別說毘鉢舍那，《聲聞地》亦別說修觀法故。如是《中觀修次》諸篇及《般若波羅蜜多教授論》，亦說九心為奢摩他道，別說毘鉢舍那道。慈氏論典所說諸義，亦除無著菩薩所解之外，更無所餘。故於此事，現見一切大車同一意趣。

若謂《聲聞地》所說者，雖有安樂、明顯，然無甚深無分別相，故唯是止；若有無分別，即空三摩地。所言「甚深無分別」者，深義云何？為由觀慧正見究竟決定，次於其上無分別住耶？抑唯全不思擇、無分別住耶？若如初者，吾等亦許如此即是空三摩地。若汝許此，理應如是分別宣說：「應當分別有無實性見解二類。若有彼見補特伽羅，次住見上修無分別，是修甚深空三摩地。若無見解補特伽羅，全不分別而修，其修則非修深空性。」不應宣說：「諸凡一切無思惟修，皆是無緣，或於無相，或於空性修靜慮師。」若謂無論有無了悟空性正見，但若心無分別、全不思擇而住，此一切修皆是空定，則前所引《聲聞地》說奢摩他品諸三摩地,雖非所欲,亦應許為空三摩地。以由彼等安住定時,除些許時念正知勢力轉弱起偵察等,餘時全不略起分別而修,謂「此是、此非」。

故《解深密經》說,諸能引發正奢摩他妙三摩地,緣無分別影像。《聲聞地》亦云:「彼於爾時緣無分別影像,即於如是所緣影像,一向一趣安住正念,不復觀察、不復簡擇、不極簡擇、不遍尋思、不遍伺察。」止觀二中於奢摩他作是說故。《聲聞地》又云:「又若汝心雖得寂止,由失念及未串習之失,故由諸相、尋思及隨煩惱,令得顯現、開啟門徑、能為緣取。隨所生起,由先所見諸過患相增上力故,即更當修不念作意。如是由修不念作意,除遣、散滅所緣,當住無顯現性。」此是僅於修止時說。諸定量論皆說修奢摩他時不觀察修,唯安住修。故許一切不分別修,皆是修空行持,實為智者所應笑處。尤許「凡說『不念作意之修』皆是修空」,《聲聞地》文亦善破除。又《修次初篇》云:「奢摩他自性者,唯是心一境性故。此即是一切奢摩他總相。」《慧度教授論》亦云：「應當遠離緣慮種種心相意言，修奢摩他。」意言者，謂分別「此是此等」。又於前引《寶雲經》說奢摩他是心一境性，此等眾經、大車諸論，曾經多次說奢摩他全無分別。故無分別略有二種，謂修空無分別，及於空性全未悟解諸無分別。故不應執凡有安樂、明顯、無分別者，皆是修空。

若如是者，此等亦僅略示方隅，應善策勵，了知慈尊及無著等所解修止觀法。若不爾者，便於少分尚未得止住無分別定，誤為能斷三有根本毘缽舍那。於此起慢，謂修無緣，空度時日，定欺自他。現見定量賢哲所造論中，說於新修奢摩他時，唯應止修無分別住；初修觀時，以觀察慧分別觀擇而修。若執一切分別皆是實執，捨此一切，即正違背定量諸論。未得無謬無我正見，然以全無分別認作修習勝觀深義，見此未雜餘說，純是支那堪布之宗。細觀三篇《修次第》中自當了知。

第二、總示依奢摩他趣道軌理：如是已得如前所說無分別三摩地作意,彼唯應修具足明顯、無分別等殊勝之無分別耶?答:於相續中引發如此妙三摩地,是為引生能摧煩惱毘缽舍那。是故若不依此引發勝觀,任如何修此三摩地,尚不能斷欲界煩惱,況能盡斷一切煩惱,故當更修毘缽舍那。此復有二:一、能斷煩惱現行,世間道所行毘缽舍那;二、能從根本斷除煩惱種子,出世道所行毘缽舍那,除此更無進道方便。如《聲聞地》云:「已得作意諸瑜伽師,已入如是少分樂斷,從此已後,唯有二趣,更無所餘。何等為二?一者世間,二出世間。」如是已得正奢摩他或作意者,或欲修習世間道毘缽舍那,或欲修出世道所行毘缽舍那,皆於先得奢摩他應多修習。如是修時,輕安、心一境性皆極增長,其奢摩他亦極堅固。又應善巧止觀眾相,其後欲以二道隨一而行,即於彼道發起精勤。如《聲聞地》云:「彼初修業諸瑜伽師有作意者,或念我當以世間行而趣,或念我當以出世行而趣,復多修習如是作意。如如於此極多修習,如是如是所有輕安、心一境性,經歷彼彼日夜等位轉復增長、廣、大。若時彼之作意堅、穩、牢固,於淨所緣勝解而轉，於止觀品善取其相，彼於爾時或世間道或出世道，樂以何往，即當於彼發起加行。」其中世間毘缽舍那修習粗靜為相，謂觀下地粗性、上地靜性。其出世間毘缽舍那《聲聞地》所說者，謂於四諦觀無常等十六為相，如是修持，主要通達補特伽羅無我正見。

如是得前所說奢摩他作意，有幾種補特伽羅於現法中不以出世道行，而以世間道行？如《聲聞地》云：「問：此中幾種補特伽羅，即於現法唯以世間道行，非以出世道？答：略有四種：一、除此以外一切外道；二、於正法中根性鈍劣，先慣修止；三、根性雖利，善根未熟；四、一切菩薩樂當來世證大菩提，非於現法。」

其中外道瑜伽師一切得如前說奢摩他者，於補特伽羅無我無觀察慧觀擇而修，彼於無我不勝解故。由是或唯修此無分別止，或唯修習粗靜為相毘缽舍那，故唯以世間道而行。又正法中佛諸弟子，若是鈍根，唯先多習寂止止修，於此多所習近，遂不樂以觀察慧於無我義觀擇而修；或雖樂修，然不能了真無我義，故於現法亦唯以世間道而行。以或唯修住分，或唯能修粗靜為相毘缽舍那故。又諸利根佛弟子眾，雖能悟解真無我義，若現證諦善根未熟，則於現法亦不能生諸出世間無漏聖道，故名「唯以世間道而行」，非不能修緣無我之毘缽舍那。又菩薩成佛，雖一生所繫，亦於來世最後有時，加行道起共四種道生於相續；於一生所繫時，聖道不起，故名「現法唯以世間道行」，非未通達真無我義。此順小乘教成佛道理，如《俱舍論》云：「佛麟喻菩提，定際依一遍，前順解脫分。」非無著菩薩自許如是。

若如是者，但凡外道修粗靜為相之道斷現行煩惱，內佛弟子修無我義根本斷除煩惱，皆須先得如前所說奢摩他定。故前所說此奢摩他，是內外道諸瑜伽師斷除煩惱依處所需。非唯如是，又大小乘諸瑜伽師，亦皆須修此三摩地；大乘人中，若顯密乘諸瑜伽師，一切皆須修奢摩他。故此奢摩他，是一切修瑜伽師共所行道極要根本。

又咒教所說奢摩他,唯除所緣差別,謂緣天身,或緣標幟、咒字等而修習等,及除少分生定方便差別而外,其須斷除懈怠等五種三摩地過,及彼對治依止念知等理,其次獲得第九住心,從此引發妙輕安等,一切皆共,故此等持極其寬廣。《解深密經》於此密意宣說,大乘、小乘一切等持,皆是止觀三摩地攝。故欲善巧諸三摩地,應當善巧止觀二法。

生此三摩地奢摩他作意,義雖極多,然主要所為者,是為引發毘缽舍那之證德。毘缽舍那又有二種:一、內外所共,於內道中亦為大小乘所共,僅斷現行煩惱粗靜為相毘缽舍那;二、唯佛弟子內道別法,畢竟斷除煩惱種子、無我實性為相毘缽舍那。前是圓滿支分,非必不可少,後是必不可少之支。故求解脫者,應生能證無我實性毘缽舍那。

此復若得如前所說第一靜慮近分地攝正奢摩他,縱未獲得彼止以上靜慮或無色奢摩他,然即依彼止修習勝觀，亦能脫離一切生死繫縛而得解脫。若未通達、未能修習無我實性，僅由前說正奢摩他，及依彼所發世間毘缽舍那，斷無所有下一切現行煩惱，得有頂心，亦終不能脫生死故。如是亦如《讚應讚論》中〈讚無以為報〉云：「未向尊正法，癡盲諸眾生，乃至上有頂，苦生感三有。若隨尊教行，雖未得本定，諸魔正看守，而能斷三有。」是故當知一切預流、一來能得聖道毘缽舍那所依之奢摩他，即前所說第一靜慮近分所攝正奢摩他；如是一切頓行諸阿羅漢，亦皆唯依前說正奢摩他而修毘缽舍那，證阿羅漢。若相續中先未獲得前說奢摩他定，必不得生緣如所有或盡所有毘缽舍那真實證德，後當宣說。故修無上瑜伽諸瑜伽師，雖未發起緣盡所有粗靜為相毘缽舍那，及彼所引正奢摩他，然須生一正奢摩他。此復初生界限，亦是生起、圓滿二次第中初次第時生。總之，「先應發起正奢摩他，次即依彼，或由粗靜為相毘缽舍那，漸進諸道乃至有頂；或由無我實性為相毘缽舍那，往趣解脫或一切智之五道者，是總佛教法印所印。故任何等修瑜伽師，皆不應違越」，是為總顯依奢摩他趣上道軌。

第三、別顯往趣世間道軌，分二：一、顯往粗靜為相之道先須獲得正奢摩他；二、依奢摩他離欲界欲之理。今初：

由了相門修粗靜為相之道，先須得前說正奢摩他。以《莊嚴經論》云：「彼令此增已，由長足增長，故得根本住。」謂得前說第九住心及諸輕安，彼令增長此三摩地，依之引發根本靜慮。

此復說從第九心起，乃至未得作意之間，是為作意初修業者；得作意已，欲淨煩惱修習了相作意時，是淨煩惱初修業者。故修了相者，是先已得作意。如《聲聞地》云：「云何作意初修業者？謂專注一緣，乃至未得作意，未能觸證心一境性，是名初修業者。云何淨煩惱初修業者？謂已證得所修作意，於諸煩惱欲淨其心，由此了相作意發起，為能受取而勤修習。」〈第四瑜伽處〉起首亦說已得作意，次修世間及出世間離欲道故。

又先修成如前所說正奢摩他，次修世間及出世間毘缽舍那斷煩惱理，於餘對法論中，亦未明顯如此極廣宣說。故見往昔善巧上下《對法》諸先覺等，於此先修專住一緣正奢摩他，及依於彼斷煩惱理，皆未能顯。故若未能善解此《聲聞地》所說，便覺靜慮、無色最下之道，是初靜慮之近分。於彼說有六種作意，初是了相。故起誤解，謂初生近分攝心，即了相作意。若如是計，極不應理，以若未得正奢摩他，必不能生初靜慮之近分；若未得此近分，定不能得奢摩他故；又復了相是觀察修，故由修此，若先未得正奢摩他，不能新生故。又如先引《本地分》文，欲界心一境性無諸輕安；《解深密經》等說，未得輕安即不得止。故若未得第一近分，即未能得正奢摩他。

故初近分六作意之最初者，是修近分所攝毘缽舍那之首，非僅是第一近分之初，其前須成近分所攝奢摩他故。未得初近分所攝三摩地前，一切等持唯是欲界心一境性。若依諸大教典所說，現見得奢摩他者亦極稀少，況云能得毘缽舍那。

第二、**依奢摩他離欲界欲之理**：唯修前說具足明顯、無分別等眾多殊勝正奢摩他，全不修習二種勝觀，不能暫遮欲界所有現行煩惱，況能永斷煩惱種子及所知障。故欲離欲界欲得初靜慮者，應依此止而修勝觀。若爾，前說唯修寂止能伏現行煩惱，豈不相違？答：無有過失。前者是依世間毘缽舍那攝入奢摩他中而說，此依二種毘缽舍那前行第一近分所攝奢摩他說。

能引離欲毘缽舍那略有二種，謂由諦為相及粗靜為相離欲之理，此說由其後道成辦離欲之理。此中所依者，謂未少得無我正見諸外道眾，及正法中具足無我見者，二所共修。彼修何道而斷煩惱，如《聲聞地》云：「為離欲界欲，極起精勤諸瑜伽師，由七作意，方能獲得離欲界欲。何等為七？謂了相、勝解、遠離、攝樂、觀察作意、加行究竟、加行究竟果作意。」此中最後，是離欲界欲而入根本定時作意，故是所修；前六是為能修。

若此非由修無我義而斷煩惱，為決擇而修何義以斷煩惱耶？其中雖由此道亦斷欲界餘現行惑，然唯說名「離欲界欲」。故主要者，謂由貪欲對治而斷煩惱。又貪欲者，此為欲、貪五種欲塵，故其對治，是於欲塵多觀過患，倒執貪執取相而串習之，由此能於欲界離欲。

又雖無倒分別解了欲界過失及初靜慮功德，而有堅固了相定解，若先未得正奢摩他，則於觀擇此二德失，任經幾許串習，然終不能斷除煩惱。又雖已得正奢摩他，若無明了觀察，隨修幾久，亦定不能斷除煩惱。故須雙修止觀方能斷除，此乃一切斷除煩惱建立。

若如是者，分別簡擇上下諸地功德、過失之了相，時為聞成，時為思成，故為聞思間雜。由如是修，超過聞思，以修持相，一向勝解粗靜之義，是名勝解作意。於此《聲聞地》云：「由緣彼相修奢摩他、毘缽舍那。」第六作意時亦云修奢摩他、毘缽舍那；初作意時說緣義等六事，此於餘處多返說為毘缽舍那，是故此等雖非修習無我正見，然是毘缽舍那亦不相違。故此諸作意之時，是由雙修止觀之理而斷煩惱。故彼修習之理，謂於分辨粗靜之義數數觀察，即是修習毘缽舍那；觀察之後於粗靜義一趣安住，即是修習正奢摩他。如是所修初、二作意，是為厭壞對治。

如是交替修習止觀二者，由依串習，若時生起欲界上品煩惱對治，是名「遠離作意」。又由間雜薰修止觀，若能伏斷中品煩惱，是為攝樂作意。次若觀見能障善行欲界煩惱，住定、出定皆不現行，不應粗尋，謂我今已斷除煩惱。當更審察：為我實於諸欲希求，尚未離欲而不行耶？抑由離欲而不行耶？作是念已，為醒覺彼，攀緣隨一極其可愛貪境之時，若見貪欲仍可生起，為斷彼故喜樂修習，是為觀察作意。由此能捨未斷謂斷我慢。次更如前於粗靜義別別觀察,於觀察後安住一趣,由於薰修此二事故,若時生起欲界下品煩惱對治,是名「加行究竟作意」。第三、第四、第六作意,是能斷除煩惱對治。

如是若斷軟品煩惱,即是摧壞一切欲界現行煩惱,暫無少分而能現起,然非畢竟永害種子。此理能離無所有處以下諸欲,然尚不能滅除有頂現行煩惱,是故不能度越生死。然依靜慮亦能獲得五種神通,此等恐繁不錄,如《聲聞地》極廣宣說,故應觀閱。

今無此等修靜慮等根本定理,故因彼等導入歧途,亦復無由。然於此等若生領解,非徒空言,則於遮斷餘定歧途,見有大益。如是四種靜慮、四無色定及五神通,與外道共,故雖得此殊勝等持,唯此非但不能脫離生死,反於生死而為繫縛。故唯奢摩他不應喜足,更當尋求別別觀察毘缽舍那無我正見。

前說修奢摩他，或名「作意」法，從《般若波羅蜜多》甚深經等所說九種住心之理，《中觀修次》所述，如前已引。彼經意趣，《經莊嚴論》為作解說；無著菩薩則於《菩薩地》、上部《對法》、《攝決擇分》中總略宣說；如《攝分》於止觀二法舉《聲聞地》，《聲聞地》中廣為解說。又此諸義，《中觀修次論》及《慧度教授論》亦曾宣說。復有《辨中邊論》說由八斷行、斷五過理修奢摩他法。縱未廣知修初靜慮等根本定法，最下亦定須知經善觀察、遠離杜撰，所說彼等諸心要義。

　　一類修靜慮者且無此等之名，又有一類先學論時，徒有空言，然未善解其義，後修行時，見無所須，輕棄而修。見有略得止品所攝正定，便執是為空三摩地；眾多僅得內外二者共通等持第九住心，便謂已得無上瑜伽具足德相圓滿次第；及謂是為等引、後得合雜無間無分別智，皆是未能善辨理解之相。若於上說善得定解，則不因其假說修無所緣、無相、了義美妙名稱所惑，知彼等持含義為何，便能了知歧非歧途，故於此諸定量教說

修三摩地次第,應當善巧。於此頌曰:

經及廣釋論,善說修定軌,文深故未解,狹慧將自過,
反推誑經論,無修無別教;不於有處求,無處求謂得。
此輩尚未辨,內外定差別,況能如實分,小乘及大乘,
顯教與密教,三摩地差別。見此故淺說,大論修定法。
積年習論友,莫捨自珍寶,而取他碔砆,願識寶自有。
見除汝學典,別無教授義,佛說「多聞者,林中樂」當
參。
無分別止道,初修法修量,未得善辨明,劬勞修定師,
尚須依智者,如實知修法,否則暫休息,於教損害小。
慈尊無著論,所說修止法,此亦為聖教,長久住世故。

　　已釋上士道次第中學菩薩行,於靜慮自性奢摩他如何學法。

《廣論》段落
- 《菩提道次第廣論・奢摩他》校訂本(台北市:福智文化,2021):P90-LL5～P135-LL1
- 《菩提道次第廣論》第三版(台北市:福智之聲出版社,2010):P376-L2～P398-LL1

廣論止觀初探

正明引生住心次第

講次0109
九住心（一）

大家好！很高興又到了我們一起學習《廣論》的時間了。今天我們還要繼續學習善來尊者的故事——你們覺得有可能嗎？對不起，已經沒有續集囉！今天我們要繼續學習止觀了，你們有沒有準備好？準備好我們就開始上課囉！前面我們學完了《廣論》的第十五卷，接著要往下學了。請大家打開《廣論》376頁第2行，《廣論》校訂本是第90頁第6行。跟我一起看原文，科判：00'57"

第二、依彼引生住心次第，分三：一、正明引生住心次第；二、由六力成彼之法；三、彼具四作意之理。 01'16"

《廣論》段落
奢摩他校訂本：P90-LL5 ～ P91-L3 第二、依彼……安住所緣。」
福智第三版：P376-L2 ～ P376-L6 第二依彼……安住所緣。」

這個第二科，第二科是依彼生起住心的次第，就要修定了，正式修定了。這裡的「**彼**」，按照科判的關聯來說，就是指「**引生無過三摩地法**」。這裡邊分三科：第一是正說生起住心的次第；第二是以六力——這個住心是用什麼樣的力量成辦的呢？是以六力修成住心的方式；三是其中有四種作意的這個道理。我們往下看，「**初中九心**」，看書：01'59"

> **初中九心**：一、於彼彼內住者，謂從一切外所緣境正攝其心，令其內注所緣。《莊嚴經論》云：「心注所緣已。」02'17"

第一科就是其中有九住心，就到了修定的九個次第——九住心、九種心。一是「**內住**」，內住於各自所緣。這個內住是指什麼呢？就是指從一切外在的所緣正確地收攝內心，而向內投注於所緣。因為什麼？因為《經莊嚴論》中說：「內心要投注於所緣。」現在我們到了九住心中的第一住心——內住，就是我們都是緣很多很多的所緣，把原本流散在外的心向內收攝，讓內心短暫地安住在善所緣上，這是一般修學寂止的人都能夠做到的。關於九住心的內涵，宗大師主要是依據《經莊嚴論》而宣說的。03'20"

我們一開始修定都是屬於內住的狀態。內住的象徵就是我們會有一種發現，發現什麼呢？一開始修的時候發現：哇！自己怎麼有很多、很多的妄念，非常多！一般情況下，如果我們沒有刻意去注意的話，我們不會發現自己的妄念有多少、有多麼恐怖。可是一旦我們想要去修寂止，去緣所緣境的時候，就會有個察覺。因為你要把心專注在一個所緣境上，你會察覺：「哇！自己的心很容易隨著掉舉和散亂而轉移焦點，根本就無法安住在所緣境上。」正是因為我們修習內住的緣故，內心的掉舉和散亂才能夠被我們察覺到。04'18"

所以這個一開始察覺的狀態，可能是讓我們有點苦惱，說：「我心亂何至於此啊！」但是，這就是平常生命的一個寫照，平常我們多半都處在於散亂的狀態中，可是自己知道嗎？自己是不知道的，甚至已經習慣、非常習慣地待在這種狀態裡了。可是等到我們一旦開始修習九住心的時候，從第一住心開始修的時候，那個時候我們想要把心靜下來聞法、思惟法義，或者修行的時候，由於向內觀察的力量進步了，我們才會發現：哇！內心中雜念紛飛，不斷湧現、連綿不絕的這樣一個狀態。其實那就是我們平常內心的一個相狀，只是大多數人平常沒有覺察。為什麼沒有覺察？因為從來不提起一個善所緣向內去收攝觀察。05'20"

雖然大多數人都沒有覺察，但並不代表平常自己的心中就沒有這些雜念，而是我們一向、一向因為不樂於修定，太少向內觀察，所以導致我們平常會有一種感覺：「啊，好像我還沒什麼事啊！我的心好像妄念也不是很多。」甚至有時候還覺得：「我很平靜啊！」其實是一種錯覺。總之，在修學三摩地的初期的時候，多半會有自己的雜念好像反而變多了，而且有的人會覺得怎麼愈修愈多、愈修愈多，會有這種感覺。但這種感覺是不是進步啊？是進步。因為原本是不認識自己的心，現在剛剛開始認識了，這是一個開始，所以是不是一種好現象呢？是你進步的一個好現象。06'17"

我們往下看:「二、**續住者**」,看書。06'26"

二、**續住者,謂初所注心令不餘散,即於所緣相續而住。如云:「其流令不散。」** 06'39"

就到了第二住「續住心」了。這是指最初投注在內心不散逸到其他地方之後——開始不是很短暫嗎?到第二住續住的時候,稍稍能持續地安住在所緣上。《經莊嚴論》中說:「要使其續流不散亂。」所以這個第二住心叫「續住」,要設法讓之前安住的心持續不要散掉,也就是要把心安住在所緣境上的時間怎麼樣?延長,把它拉長。之前在內住的時候,有的人可能是住幾秒鐘就散掉了,但是到續住心的時候就要把這個幾秒鐘延長,比如說你可以延長到多幾秒,甚至到一分鐘或者幾分鐘。這個應該不是很困難,因為我們稍加練習的話,一般修學三摩地的人,稍微練習一下其實就可以做到了。因為你就是多延長一些,比第一住心。07'54"

有沒有記得第二住心叫什麼？續住。那第一住心叫什麼？內住。內住的時候我們就會發覺掉舉和散亂真是非常地強烈，所以就會想辦法，把隨著掉舉和散亂而流散的心收回來、再收回來、再收回來，讓心專注在原來我們定好的善所緣上。一直反覆地這樣練習之後，慢慢、慢慢地，心安住在所緣境上的時間就變得有點長了，然後就會越來越長，不會馬上就散掉了。這個時候的這個心的狀態就叫「續住」。08'42"

續住的象徵就是會有一種像休息一下、歇息一下的感受。好像：喔！終於完成了一個階段，喘一口氣！休息一下的感覺。因為你不用像第一住心那麼忙，它一刻都不讓你安靜，必須得要不停地戰鬥。這就是第二住心。09'05"

那麼接下來我們再看第三個。09'09"

三、**安住者，謂若忘念散於外境，知已還復安置前所緣境。如云：「散亂速覺了，還安住所緣。」**
09'27"

第三就是「安住」。是指如果由於遺忘而散逸，也就是又開始向外散亂了、散逸了，但是這時候的心它會了知，而再度地把這個心安置在所緣上。《經莊嚴論》中說：「迅速地察覺散亂，接著再度地安住於所緣。」所以這個第三住心叫「安住」。當心安住於所緣境上的時候，不時地還會因為忘念等等而導致心向外散亂，在這個時候——注意——能夠立刻、立刻察覺到：欸，內心已經散亂了！並且把它拉回到所緣境上。所以這個第三住心叫「安住」。10'16"

　　在續住心的時候，心在所緣境安住的時間已經要比內住的時候怎麼樣啊？要變長了，對吧！但是散亂發生的時候，還是沒有辦法馬上察覺，它速度沒有那麼快。但是到了安住心的時候就能夠——注意——馬上察覺到：出現散亂了！基本上，在安住心的階段，心都能夠緣在所緣境上，只是偶爾會隨著散亂突然流散出去，這個時候要以正念正知把心立刻拉回來。10'46"

　　有的善知識在這裡邊還舉了一個有趣的譬喻，說：就好像一大群羊在走著，突然有兩三隻羊開始跑到往樹林那邊了，樹林很危險，萬一有狼怎麼辦？這個時候，這個牧羊人就會馬上把跑散的羊抓回來——那麼一兩隻要離隊，就像我們的忘念一樣。11'12"

今天就講到這裡。謝謝！ 11'15"

講次0110
九住心（二）

　　大家好！很高興又到了我們一起學習《廣論》的時間了，你們這一週過得還好吧？每次學習之前的發心要特別地殷重，要為利有情願成佛來學習《廣論》，這種動機的策動是非常非常重要的，可以讓我們的心由於造作，慢慢地經過一系列的訓練之後，就特別認真地發心。00'42"

　　好！請把《廣論》翻開376頁第6行，在校訂本是91頁第4行。準備好了，和我一起看原文，該到「四、近住者」。01'06"

> 四、近住者，《修次初篇》說，前安住心是知散斷除，此近住心是散亂斷已，勵力令心住前所緣。

《廣論》段落
奢摩他校訂本：P91-L4～P92-LL5 四、近住者……不令流散。
福智第三版：P376-L6～P377-L1 四近住者……不令流散。

《般若波羅蜜多教授論》說，自然從廣大境數攝其心，令性漸細上上而住，此同如云：「具慧上上轉，於內攝其心。」《聲聞地》說，先應念住，不令其心於外散動。謂起念力，令不忘念於外散動。01'52"

到了這個「近住」的時候，《修次初篇》提到：前者「安住心」是了知散逸而斷除，那麼這個「近住心」是斷除散亂後，努力地安住在所緣上。《般若波羅蜜多口訣論》中有這樣說：在第四住心當中，內心由於正念的緣故，能自然地從廣大的對境中——注意——反覆地收攝，使內心變得微細、纖小，而逐步提升安住，也就是越來越好地安住了。這個與《經莊嚴論》中：「具智慧者應當逐步提升，心向內收攝」所說的是一樣的。有沒有發現這裡邊有個：具智慧的人才能夠知道修定，知道把自己的心從外面向內收攝。《聲聞地》中也有說：首先要安住正念，使內心不向外動搖。再說一遍：首先要安住正念，使內心不向外動搖，也就是發起正念的力量，以免由於遺忘而向外散逸。03'14"

第四住心叫什麼？「近住」。從之前的時不時就開始散亂，而不斷忘失所緣境的狀態中，要透過正念一再地收攝自心，讓內心完全安住在所緣境上，不再向外流散了。這個時候的心安住在境上的時間會不會更長呢？會更長的。所以在近住心的時候，它的散亂不太會向外面散亂，就是不管什麼境幾乎都是可以安住在所緣境上的。這個時候，大家想一想：什麼力量比較強了？就是止住，你內心的那個止力，它已經修持得比較堅定了。止住力比較堅定。但止住力比較堅定的時候，會不會容易出現什麼其他的狀況呢？就像之前我們學過的，這個要觀察：會不會出現粗品沉沒的危險？是有出現粗品沉沒的危險的，所以這個時候特別要小心粗品沉沒了。04'23"

接著往下看。04'26"

五、**調順者，謂由思惟正定功德，令於正定心生欣悅。如云：「次見功德故，於定心調伏。」《聲聞地》說，由色等五境，及三毒、男、女隨一之相令心散動，先應於彼取其過患，莫由十相令心流散。**

| 04'51"

這個調順，第五個「調順」，是指思惟等持的功德，然後使修行者他比較喜歡修定、比較喜歡修行。巴梭尊者在《四家合註》裡邊有解釋說：「這裡邊直接提到要見到等持的功德」，就是你要知道修定的功德、要見到；「所以間接成立要遮除反面的尋思與隨煩惱所導致的內心這種流散」。《經莊嚴論》中說：「接著由於見到功德，而對於等持調伏內心。」《聲聞地》中也有提到：如果由於色等五種對境、三毒以及男女的相狀任何一者，而使內心開始又散逸了，這個加起來十種相狀——十種相狀分別是什麼——色、聲、香、味、觸，還有貪、瞋、癡、男、女，就這十種相狀，如果由於這十種相狀使內心開始有點混亂或散逸的話，首先要把這些執取為過患，要把這些執取為過患，不要讓內心由於這十種相狀而流散。06'02"

善知識曾經說過：「依著有力的正知，觀見三摩地的功德。」也有善知識說：「第五住心就是要對治沉沒」，要對治沉沒，怎麼對治啊？「所以需要憶念三摩地的功德。」有沒有發現這裡面其實有一定的觀察修，對不對？你的心要觀察，不然它沉沒出來你不知道該怎麼對治，因為要見過患、還要見功德——要見貪、瞋、癡等那些問題的過患，還要什麼？要見到三摩地的功德。所以這時候觀察修的力量也是要提起來，對不對？我們座上修以後可以練一練。06'47"

這個第五住心其實它名字特別好聽，叫「調順」。但是你會發現：哇！這個還有沉沒在裡邊。在調順心的時候，心安住所緣境上的止住力量它是非常強大的，所以內心很容易、很容易往內收攝，不太容易向外流散了。這個時候往往還會產生中品和細品的沉沒，中品和細品的沉沒出現的時候，注意！要怎麼辦？要生起強烈的正知、正念來對治。07'23"

好！我們接著往下看：「六、**寂靜者**」，有找到行吧？有沒有看到？07'29"

六、**寂靜者，謂於散亂觀其過失，於三摩地止息不**

> 喜。如云：「觀散亂過故，止息不樂彼。」《聲聞地》說，由欲尋思等諸尋思，及貪欲蓋等諸隨煩惱擾亂心時，先應於彼取其過患，於諸尋思及隨煩惱不令流散。07'56"

第六個是什麼心？「寂靜」。這個寂靜是指將散亂視為過失，而止息對於等持的不欣喜。就是說這個人他不喜歡修定——對於修定不歡喜的心就止息它。《經莊嚴論》說：「由於見到散亂的過失，應當止息對此不欣喜。」《聲聞地》中也說：「由於對於諸欲的尋思等尋思，以及貪欲蓋等隨煩惱而使內心擾亂，首先要將這些執為過患，不要讓內心流散於這些尋思與隨煩惱。」08'38"

妙音笑大師在《色無色廣論》中說過，說：「要依著有力的正知，在體驗中」，注意！「在體驗中得知散亂的過患而進一步遮止。」那我想問大家：欸，你是怎麼從體驗中了知了散亂的過患呢？怎麼體驗的？是不是他一定嚐到了不散亂的滋味？嚐到了不散亂的滋味的時候，心又去散亂了，他就對比於：哇！這個散亂是其實是心裡攪擾，是很不舒服的,甚至是痛苦的;散亂的那個感受在內心實際上是苦的,它不是樂的。這個在體驗中我們是可以去得到的。09'30"

這個寂靜心是第幾住心了?有答對嗎?第六住心。由於在上一個階段親身感受到了修習三摩地的功德,這個人已經是有一些修行經驗了,進而他真正地體認到散亂的過患,對吧?所以消除了不想修三摩地的念頭——因為認為修定苦啊,天天到上座就不能四處跑,也心意不能亂散呀,就緣一個善所緣;這個時候他的心慢慢地、慢慢地安定下來之後,他體會到:哇!這個心於善所緣能安住的時候,心裡原來這麼美、這麼清涼!所以就看到了三摩地的功德,消除了不想修三摩地的這個念頭。10'13"

在第六住心「寂靜」的時候,他調伏了中品、細品的沉沒之後,到達了寂靜心的階段,就不會再產生沉沒了。但這個時候,注意!又有事情發生了。有什麼事情?這個時候又會產生細微的掉舉了——心雖然安住在所緣境上沒有往外流散,但好像有點晃動、有點動搖的感覺,心安住的力量反而不太穩。那這個時候要怎麼辦呢?怎麼辦?要以強烈的正知來對治細微的掉舉。注意喔!這個掉舉因為它很細微,所以你要有很猛的正知才能夠清晰地照見它,所以要以強烈的正知來對治細微的掉舉。11'13"

有沒有發現,行到此處,功夫已經越來越精緻了?11'07"

有沒有信心啊?練一下。11'23"

謝謝! 11'26"

講次0111
九住心（三）

大家好！很高興又到了我們一起學習《廣論》的時間了，這一週你們心情還好嗎？準備好了，我們要開始學習囉！請大家翻開《廣論》377頁第1行，《廣論》校訂本是92頁倒數第4行，大家可以跟我一起看原文。該第七囉！第七。00'38"

> 七、**最極寂靜**者，謂若貪心、憂心、昏沈、睡眠等生，能極寂靜。如云：「貪心憂等起，應如是寂靜。」《聲聞地》說，若生忘念，而起如前所說尋思及隨煩惱，隨生尋斷，悉不忍受。01'11"

這個「**七、最極寂靜**」，是指能極度地止息貪心、憂

《廣論》段落
奢摩他校訂本：P92-LL4～P94-L1 七、最極寂靜……等所說。」
福智第三版：P377-L1～P377-LL5 七最極寂靜……等所說。」

心、昏沉與睡眠等的產生。注意！這裡邊有個「憂心」，就是憂惱的這個心裡的一個狀態，這個時候你用強大的止力就止息它。《經莊嚴論》中說：「如何地產生貪心、不安等，就應當同樣地當下就止息。」注意，它有個「當下」，有多快呢？「卡！」就止息了。想不想要那樣子？很想吧！不要對治個半天，有的時候對治，一夜一夜地折騰，這個心都安靜不下來；它是一下子就當下——你怎麼產生的，我一下就讓你靜下來。所以那個心是非常有力的！所以《聲聞地》中有提到：如果發生遺忘而產生前面所說的尋思與隨煩惱，這一切都要斷除，不可以接納忍受。這個時候的心的力量是非常蓬勃的！02'15"

這個第七住心是「最極寂靜」，是在前一個住心寂靜心的階段體認到了散亂的過患之後，當內心中貪心、憂心、昏沉、睡眠等顯現的時候，就能立刻覺察並且什麼？對治、消滅它。所以這個時候的心，雖然說沉掉基本上已經不太會生起了，但還是要起作意，就是還要起一個對治，需要用正知、正念來作觀察，看看自己的心有沒有隨著沉掉而轉，所以這個時候還是要起作意的。但起作意的這個狀態有沒有力？非常有力的！03'02"

接著往下看，會不會太快了？往下看，到第幾了？第八。03'12"

八、**專注一境者，為令無勞而轉故，而正策勵。如云：「次勤律儀者，由心有作行，能得任運轉。」又如《聲聞地》云：「由有作行令無缺間，相續安住三摩地流，如是名為專注一趣。」應如是知。又見第八住心取名「專注一趣」，即由此名易了其義。**03'49"

第八住心叫「專注一境」，就是指在第八住心當中，為了無勞而轉——什麼叫無勞？就是你根本不費力氣地趣入而努力。《經莊嚴論》中說：「接著致力於律儀者，雖然在內心中有作行的勤奮，但是在自己的這個時段過後的第二剎那，你會獲得自然而然地生起的第九住心。」也就是他很快很快就會獲得第九住心。04'31"

而這也是在《聲聞地》中提到的:「由於具有作行,因此持續不斷地安住於等持的續流,如此即是『專注一趣』。」應當如同《聲聞地》了知。第八住心被命名為「專注一趣」,透過名稱很容易了解其中的內涵。像語王大師在《四家合註》裡邊就有解釋說:「所謂『專注一趣』,就是指不被沉掉中斷而一貫專注於等持。」就是入定非常專注。「相較於『專注一境』,『專注一趣』的命名說更為容易了解。」05'07"

　　你們會覺得「專注一境」容易了解,還是「專注一趣」更容易了解?沒關係!就了解就可以了。05'14"

　　在第八住心的階段,只要在最初稍微提起正念、正知,就能在一座中不受沉掉的干擾,隨心所欲地安住在所緣境上。所以第八住心的專注一境,是一開始就要緣所緣境的時候,那怎麼操作?修行者——我們修定的人——要刻意去想一下,比如說:「我要緣我所選的這個佛像,我要緣這個善所緣境。」然後一旦安住到在這個善所緣之後,就不需要再去想:「有沒有沉掉啊?欸,有沒有被沉掉干擾啊？」也就是說，在還沒有進入這個狀況之前，你需要去觀察一下、去作意；但一旦進入狀況之後，就不需要刻意地做觀察，可以特別放心地隨境而住。這個時候就叫「專注一境」。06'18"

記得我們有一個描述九住心的圖，這個時候你去放牛，其實那個牛在旁邊自由吃草，那個放牛的人都坐在那兒休息，甚至躺在那兒睡著了。就是你不用管它，它就很安靜了——不累，一點都不累！有沒有想過：啊！我們一直跟煩惱鬥的修行人，也有這樣一天嗎？有的！這才是八住，第八個「專注一境」。06'51"

我們再往下看。到幾了？到九了，就最後一住心，叫「平等住」。看書：07'04"

九、平等住者，《修次》中說，心平等時當修等捨。《般若波羅蜜多教授論》說，由修專注一趣，能得自在，任運自然而轉。如是又云：「從修習，不行。」《聲聞地》說名「等持」，其義彼論亦明顯云:「數修、數習、數多修習為因緣故,得任運轉、自然轉道。即此無作行、任運,能令其心於無散定續流而轉,故名等持。」此中九心立名,是如所引《修次初篇》等文,如云:「此奢摩他道,是從《般若波羅蜜多》等所說。」07'59"

該九住了,對吧?第九,什麼?是「平等住」。《修次第論》中有提到,說:「當內心轉為平等的時候,就要修等捨了。」《般若波羅蜜多口訣論》中說:「透過串習專注一趣,就能自然而然地任運趣入,並且獲得自在。」這也就如同《莊嚴經論》中說的:「透過串習而不再作行。」那《聲聞地》中用的就是提到「等持」這個詞的內涵,在論中也明確地解釋說:「透過完全地依止、串習,多次、多次地修習的因」,獲得了什麼?「獲得了任運趣入與自然而然地趣入的道。由於沒有作行以及能夠任運,因此內心會趣入於毫無散亂的這個等持續流之中,這就是等持。」09'07"

上述九種心的命名,就是按照《修次初篇》等所引述而定的。《修次初篇》中說:「此寂止之道,為《般若波羅蜜多》等所宣說。」所以大師對九住心的命名有沒有依據啊?都是有根據的。第九住心叫什麼心啊?平等住。對吧?所以這時候內心只要一想到要緣什麼呢?觀察一下,它就自然而然專注地緣在善所緣境上,而且你想安住多久它就能安住多久。需不需要對治、各種戰鬥了?是不需要修任何的對治法了,太輕鬆了! 10'04"

對比於其他的住心的話,這個平等住,此時只要想著所緣,連刻意提起正念、正知的念頭都不需要了!真的嗎?真的。不需要刻意地提正念、正知嗎?那不是放逸了?不會。它就自然而然地處於一個鬆緊適中,不會被沉掉干擾的情況,任運地、自然而然地就安住在所緣境上。並且什麼?能夠隨心所欲地掌控自己的心,要住多久就住多久,自在了!很渴望吧?這樣的一個狀態,是可以透過修習它的因得到的,這是一種果。 10'58"

如果打個譬喻的話,說自在到什麼程度呢?比如《心經》大家都背得很熟吧?只要一開始背就能夠背,然後毫不費力地就把《心經》全背誦出來了。到了這個階段，如果還想到觀察沉掉是否生起，或者防備沉掉生起的話，它反而還成為一種過失。所以這個時候，就應該修什麼？不作行。11'24"

所以到了第九住「平等住」的時候，你看到這個修行者的狀態已經是非常地鬆弛了。但他鬆弛絕對不會鬆懈，或者會有各種不如法的狀態出現，他就是非常自然而然地很如法、很輕鬆、很自在！你們可能在想：「我鬥煩惱鬥得這麼辛苦，我真的有一天會達到這種境界嗎？」對呀！九住心啊，第九個就這樣子了。透過前面一住、一住這樣地修過來，是有跡可循的、是有因可以種的，而且我們聽聞這樣一個修定的細膩教授之後，可以照著操練的呀！會不會覺得很美？有一天我們可以達到這樣的境界嗎？這樣的境界也只是開始，後面還有更美的，因為還要學空性啊！很值得期待。謝謝！12'28"

廣論止觀初探

由六力成彼之法

講次0112
六力成就九住心

大家好！很高興又到了我們一起學習《廣論》的時間了。前面我們學完了九住心，今天我們要學習六種力，請大家翻開《廣論》377頁倒數第4行，《廣論》校訂本是94頁第2行。準備好了可以跟我一起看原文。00'36"

在看之前我問你們一個問題：如果有一個人問你說：「欸？修成這九住心要六種力量，你覺得你能想起幾種——不看《廣論》原文？」正知力應該能想起來，對吧？你們能說幾種？但是有幾個力一定會被漏下。好，我們現在看原文：01'04"

第二、由六力成彼之法：力有六種：一、聽聞力，二、

《廣論》段落
奢摩他校訂本：P94-L2 ～ P95-L4 第二、由六……然不可信。
福智第三版：P377-LL4 ～ P378-L5 第二由六……然難憑信。

> 思惟力，三、憶念力，四、正知力，五、精進力，六、串習力。01'21"

對一下！你們在不看書的狀態下，也從來沒有預習的狀態下，能猜到幾種力？01'31"

> 此等能成何心之理者，由聽聞力成內住心，以唯隨順從他所聞於所緣境住心教授，僅是最初繫於所緣，非自數思數修習故。01'57"

以六種力修成九種心的道理，是什麼道理呢？就先看看哪六種力呢？就是聽聞力、思惟力、憶念力、正知力、精進力、串習力。透過六種力能修成九種心的道理是什麼呢？就是透過聽聞力修成了內住心，因為是僅僅依循著從他人——就是從善知識所——聽聞使內心安住於所緣的這個教授，而僅僅在最初的時候就安住於所緣，它並不是進行了反覆地思惟、串習，不是這樣的。02'42"

我們都清楚——我再重複一遍嗎？再重複一遍喔！要

成辦九住心，需要幾個力？六個力，哪六個力呢？就是**「一、聽聞力，二、思惟力，三、憶念力，四、正知力，五、精進力，六、串習力」**，六個。03'00"

那麼首先「聽聞力」修成了第幾住心呢？第一住，修成了內住心。注意看這三個字——聽聞力，說：「什麼！聽聞還是一種力量嗎？還能夠產生第一住心嗎？」這件事有點新聞，事實上是這樣的。所以在修三摩地，就是你要修定之前，還需要先聽法嗎？那聽什麼方面的法呢？是要聽法的！要聽聞師長解釋如何修三摩地的內容。那要不要看經典呢？要閱讀的！閱讀相關的經論——跟修住心相關的經論，並且在了解了之後才試著令心安住在所緣境上。問大家：這種安住的時間會長嗎？通常不會，是短暫地安住。這就是成辦內住心。由此可以知道，內住心不是在反覆思惟、串習下產生的，而是透過什麼？之前聽聞的力量成辦的。04'07"

好！我們往下看，看第二個力。04'11"

由思惟力成續住心，以於最初繫於所緣，由數思惟將護其流，初得略能續其流故。04'20"

透過「思惟力」會修成續住心，因為最初安置於所緣，透過反覆思惟而維繫續流，由此初步獲得能夠略微延續的這個續流。接著前面聽聞力，該思惟力修成的這個續住心。成辦這個心叫什麼心？成辦了內住心之後，為了延長心安住的時間就不能只靠聽聞力了，必須反覆地思惟師長所宣說的教授，還要加上持續地練習，才能夠成辦什麼心啊？續住心。如果舉個例子來說，就像想要牢記學過的這個教典的話，就必須要一再地思惟、複習一樣。05'08"

接著我們往下看，第三個力：05'13"

由憶念力成辦安住、近住二心，以從所緣向外散時，憶先所緣於內攝錄；及從最初生憶念力，從所緣境不令散故。05'31"

透過「憶念力」會——注意！這個是憶念力——透過

憶念力會修成安住心和什麼？和近住心，是兩種心。因為從所緣散逸而導致散漫的時候，怎麼辦呢？要憶念原先的所緣，開始向內收攝；還有最初就發起正念的力量，而避免從所緣又散掉了。這個憶念力修成兩種心就是安住和近住心。在「安住心」的階段，當心散亂離開我們的所緣境的時候，就能夠即刻發現，並且透過正念要把這個心像拉馬一樣把它拉回來，讓內心再次地安住在所緣境上；修到了「近住心」的階段，能夠一開始就生起有力的正念來攝持自心，讓心在過程之中不會因為散亂而失去所緣境。06'40"

我們再往下看，看原文：06'45"

由正知力成辦調順、寂靜二心，以由正知了知尋思、隨煩惱相流散過患，見為過患，令於彼二不流散故。07'04"

透過「正知力」會修成調順心和寂靜心兩者，因為以正知了知了流散於尋思與隨煩惱的相狀的過患之後，就把它視為過患,因為這個原因心就不會流散於這二者了。所以以正知力修成了調順和寂靜兩種心,並且透過正知來檢查我們的內心,察覺內心隨著尋思以及隨煩惱的流散所帶來的這些東西,真的是充滿過患。透過這樣的一個實踐,就把這種狀況真的體驗到了是修三摩地的時候這種過失;知道了之後,讓內心不要被那些對境所吸引——知道這東西不好,就遠離。08'06"

那我們再往下看,這是到什麼力了?到精進力。08'14"

> **由精進力成辦最極寂靜、專注一境二心,以雖略生尋思及隨煩惱,亦起功用斷滅而不忍受;由此因緣,其沈掉等不能障礙妙三摩地,能成相續所生三摩地故。08'35"**

這個力叫「精進力」,透過精進力就會修成最極寂靜與專注一境這兩種心。因為即使稍微出現一點尋思與隨煩惱,也能以勤奮斷除,不接納它、也不忍受它。那麼這麼做會導致什麼結果呢?由於這麼做,那個沉掉還有沒有辦法障礙妙三摩地呢?是沒有辦法了!它不能夠中斷等持,所以就能夠持續、持續地生起等持。09'13"

這個精進力,有沒有注意到它修成了哪兩種心啊?最極寂靜及專注一境兩種心。那麼在最極寂靜心的階段,由於正念與正知的力量已經達到了一個很圓滿、熾盛的狀態,所以心它不太容易被沉掉所干擾。縱使很短暫地生起了細微的雜念或者隨煩惱,然後也能用非常精進的力道來把它斷除掉,就好像很有力的一個寶劍一樣,把那個違品就切割掉了,所以也絕對不會放任不管。斷除微細的雜念與隨煩惱之後,就到了一個專注一境的時候。只要稍稍地提起來,在過程中就不會被沉掉所障礙,並且能隨心所欲地安住在所緣境上,這個時候一提就提得很猛。10'06"

好,我們接著再往下看:10'09"

> 由串習力成等住心,以於前心極串習力,能生無勞自然而轉三摩地故。此等是如《聲聞地》意,雖見餘說然不可信。10'26"

透過「串習力」，注意！透過串習力會修成什麼？平等住心。因為藉由極力串習前面所說的那些心的力量，就會生起無勞而轉的這個三摩地，也就是毫不費力氣地自然而然就趣入的這個等持。宗大師說，上面的內涵是如實地按照《聲聞地》的原意而說的，所以雖然見到其他的說法，但是其他說法是不可憑信的。就是大師讓我們照著這樣就可以了。11'02"

有沒有發現，這個等住心它是以串習力修成的等住心？透過反覆不斷地串習，就能在不需要刻意提策的這個情況下，生起了任運而轉的三摩地。那麼在這幾篇也提到是按照《聲聞地》說的，對吧？如果有人其他方式來解釋的話，就不足憑信。11'30"

我們總攝一下的話，在九住心還沒有生起奢摩他的這個過程，要透過幾種力來成辦呢？是六個力。那麼六種力是哪六個呢？就是那個最最匪夷所思的「聽聞力」——修定還要聽聞力啊？上去盤腿一坐不就可以了嗎？對！要聽聞力。還要思惟嗎？對，還要「思惟力」，不是就垂簾、專注於所緣,不是,還要思惟!那第三個什麼?「憶念力」。第四個是「正知力」,第五個是「精進力」,第六個「串習力」,要透過六力。12'12"

透過聽聞力成辦第幾住心?成辦第一個內住心。透過思惟力成辦第二住續住心。透過憶念力成辦幾個心?成辦兩個,對吧?成辦第三個安住心和第四個近住心。透過正知力來成辦第五個調順心和第六個寂靜心。透過精進力成辦第七個最極寂靜和第八個專注一境。最後一個,是透過串習力來成辦第九住等住心。12'47"

有沒有很高興聽到此處?要好好地發願、集聚資糧,說:「哎呀!我何時能夠修成如《廣論》中所說的這個九住心呢?具這個六力呢?」一定要廣積資糧、懺悔業障,以後達成能夠修這樣的順緣,我們就能夠生起了。所以有這樣的清淨的教授在,如果有相應的這樣一個發心去集聚資糧,為什麼此生我們不能修呢?所以要好好地發願、集積資糧。謝謝大家!13'31"

講次0113
九住心先後次第的理由（一）

大家好！很高興又到了我們一起學習《廣論》的時間了。前面我們學習了九住心，大師為我們從第一住心介紹到第九住心，有沒有覺得很驚喜？每次讀到《廣論》的這一段的時候，其實都是心裡很歡喜！因為可以知道修定的次第，從一開始的粗淺的一個次第，慢慢地到一個很深的，乃至到未到地定，到後面講的什麼叫入定。所以它是非常清楚，不是憑感覺的，如果我們能在教典上找到清晰的依據，然後根據這個依據、根據這個清淨的傳承，認真地開始修的話，對我們每一個想要成就奢摩他和毗缽舍那的修行者來說，是非常幸運的！01'12"

接下來我們就要學這個九住心，九住心的次第為什麼

《廣論》段落
奢摩他校訂本：P95-L5～P96-L2 此中若得……或「有功用」。
福智第三版：P378-L6～P378-LL3 若得第九……或有功用。

是這樣的呢？大師會從第九住心開始——九、八、七、六、五……往回講；一開始我們學的是一、二、三、四、五、六、七、八、九，現在是從九往回講。請大家翻開《廣論》378 頁第 6 行，有找到嗎？《廣論》校訂本是第 95 頁第 5 行，請大家一起看原文。注意看喔！01'53"

> 此中若得第九住心，如誦經等至極串熟，先發誦唸等起而誦，雖於中間心往餘散，然所誦念任運不斷。如是初念注於所緣，令起一次等引，次雖未能恆依相續念知，然三摩地能無間缺相續長轉。由其不須功用相續恆依念知，故名「無加行」或名「無功用」。02'35"

對此如果獲得了第九住心，就像念誦教典達到了非常嫻熟的這樣一個狀態，那麼只要你念的時候最初生起了一個想要念誦的動機，然後開始念。念著、念著，中間內心散逸到其他地方，就是走神了，但是你口中的聲音、你的念誦是不會間斷的。大家都有這樣的經驗吧？而且你費力氣嗎？延續那個念誦的聲音不費力氣，毫不費力氣！03'09"

那麼同樣地,最初透過將內心投注於所緣的正念,只要等引一次——這裡的「等引」是什麼意思?就是指入定的狀態。只要你入定一次,只要你一進入入定的狀態,專注地安住在善所緣上,之後即使沒有持續地依止連綿不斷的正知、正念,也會生起一種不會中斷的等持,而且能夠持續地、長久地趣入。由於不需要勤奮依止連綿持續的正念知,所以名為「無作行」或者「無功用」。04'00"

所以我們到了第九住心的這個時候,是不需要去對治什麼,因為已經完全地沒有沉掉這種障礙了。只要是那個修定的人一開始有個念頭,比如想:「啊,我要緣佛像,要開始。」確定好自己的善所緣之後,心就能夠自然而然地安住在那上面,完全不需要防護什麼,所有的哨兵都可以休息了,什麼都不用。就像讀經文一樣,剛才我們舉過的例子。這是為什麼?為什麼會變這樣?因為它已經非常非常熟悉了,非常非常熟悉!所以在第九住心的時候,只要最初預設好所緣是什麼、安住的時間多長,就是說你這次入定你要入多久呢?之後就算你沒有依靠正念、正知,依舊還是能夠隨心所欲地,像你當初想的那樣安住在所緣上。好像有定位系統一樣,你定一個,然後不用管了,它到時候就到那個目的地。05'16"

這時候的三摩地能不間斷地長時間趣入,可以隨心所欲地安住在善所緣上,想安住多久就能安住多久。每次看到這個部分的時候,我都會停一下——「想安住多久,然後就能安住多久」,而且不需要刻意地去防護昏沉啊、掉舉呀,甚至也不需要拼命地、刻意地依靠正知、正念。我們大家都知道,提那個正知、正念的時候,都要提很猛的心力,要有一種戰鬥的精神才能夠打敗那些昏沉和散亂,要提起全部的注意力,就像一個奮勇的狀態一樣。可是到了這個九住心的時候,是如此地輕鬆自在,好像自動駕駛一般,心已經開始進入自動駕駛模式,是非常非常美妙的。所以它叫做「不作行」或者「無功用」,就是你不用做什麼,這個九住心就會把你帶到你最初想要達到的地方。06'25"

這樣看了之後,大家會不會心裡有一點放心?不用整個修行的過程全部都在拼命,好像永遠都不能休息。你看到第九住心的時候就已經這樣了,那後面呢?後面更令人期待吧! 06'40"

> 能生此者,先須相續功用依念、正知,令沈掉等諸障品法不能障礙,生一久續三摩地,此即第八住心。此與第九,雖沈掉等三摩地障不能為障,二心相同,然於此心必須無間依念正知,故名「有行」或「有功用」。07'20"

要生起第九住心,注意!開始了,開始往回了。要生起第九住心的話,要有什麼狀態呢?必須要先生起一種透過勤奮而連續不斷地依止正念與正知,這樣的話便能夠使沉掉等不順品無法阻礙,並且可以長時間地維持這個等持。那大家想想:具有這種特色的是第幾住心呢?對,這就是第八住心。第八住心與第九住心,雖然同樣不被沉掉等的等持不順品所阻礙──就是已經阻礙不了它了,但是第八住心必須不間斷地依止正念與正知,所以它名為什麼?「具有作行」或「具有功用」,它必須很用功。08'25"

有沒有發現,要生起第九住心的話,達到一種無功用的境界以前要不要用功啊?是要用功的,而且要非常非常地用功,必須先非常刻意地、刻意地對治昏沉和掉舉。08'45"

　　請問大家:對治昏沉和掉舉需要哪兩個法寶呢?就是要透過什麼?正念。還有什麼?正知,來成辦它。那麼第八住心和第九住心會不會被沉掉所障礙呢?障礙不了!但是第八住心一開始的時候專注,要不要依靠正念、正知呢?要!要先依靠正念、正知,然後怎麼樣?要練習!刻苦地練習、勤奮地練習、精進地練習怎麼樣才能夠不被沉掉所干擾。要練習到打敗沉掉這個干擾因素,打敗了之後,才能生起長時間地安住在所緣境上的三摩地,對吧!這第八住心。09'38"

　　而第九住心一開始——它倆一開始是不一樣的——第九住心一開始就不需要刻意地專注,就能自然而然地專注。第八住心要不要刻意?第八住心的時候,仍然必須依靠——注意——無間斷的正念和正知。所以看起來第八住心好像比較辛苦,因為它那個正念、正知是不可以間斷的,必須連綿不斷,就是要全部覆蓋,把昏沉和散亂趕出去,它是不能間斷的一個續流,所以它才叫「有作行」或「有功用」。10'15"

第八住心聽起來是不是非常用功的一個狀態?一定是經過了拼命的狀態,最後達到了一個自在的狀態。如果是這樣的話,也是非常值得拼命用功的,對不對?不知道你們現在在心裡想什麼?你們會不會贊同我的想法?既然到最後可以達到那麼無功用的狀態,可以進入自動駕駛這個心的模式,那開始用力地開我這個心的車,注意到所有的交通規則——把昏沉和散亂那個障礙品全部都消除掉,全面地依靠正念、正知,也是非常值得用功的!大家認為呢? 10'56"

好!今天就講到這裡。謝謝! 11'00"

講次0114
九住心先後次第的理由（二）

　　大家好！很高興又到了我們一起學習《廣論》的時間了，這一週你們過得還好吧？有沒有很開心終於學到九住心次第了？今天我們繼續學，請大家把《廣論》打開378頁倒數第3行，校訂本是在96頁第2行。我們一起看原文，準備好了吧！看原文：00'41"

> 能生此者，須於微細沈掉等法，隨生隨除而不忍受，故須第七心。生第七心，須先於諸尋思及隨煩惱散亂知為過患，由有力正知，於彼等上偵察令不流散，故須第五及第六心，此二即是有力正知所成辦故。01'17"

《廣論》段落
奢摩他校訂本：P96-L2～P96-LL3 能生此者……初二種心。
福智第三版：P378-LL3～P379-L2 能生此者……初二種心。

前一講我們講過了九住心和八住心,那麼要生起第八住心,就必須連微細的沉掉等等,在剛生起的時候就要遮除而不接納它,就是立刻對治,絕對不能忍受!這樣的狀態就需要第七住心。第七住心就是這樣的狀態,它的反應速度要很快。那麼要生起第七住心的話,就需要有力的正知,了知由於尋思與隨煩惱而散逸為過患,深知過患之後,它就開始像一個哨兵一樣開始偵察。偵察不要它流散在那上面,所以它又開始需要什麼?需要第五住心與第六住心。因為第五住心和第六住心就是透過有力的正知所修成的緣故。02'29"

　　我們可以發現:為了生起專注一境的這個第八住心,想要在第八住心的時候不被沉掉影響,那之前就必須對微細的沉掉等隨生隨除而不忍受。這個「隨生隨除」這四個字挺不容易,因為你為什麼會知道它生起了?它剛生起來你為什麼就發現了呢?就是有很強的正知,把它除掉要正念,所以它這兩個速度和力度都是很猛的。03'05"

　　沉掉等隨生隨除而不忍受,就必須要在生起微細沉掉的時候當下滅除沉掉——注意！這裡邊還出現一個「微細沉掉」。所以我們對於沉沒和掉舉的態度，就是絕對不能忍受它，也絕對不能說：「你待你的，我修我的！」這是不可能，它就是來破壞我們專修的，絕對不能夠置之不理或忍受它，因此就需要依賴第七住心。03'46"

那要想生起第七住心，達到這個目標，還要什麼條件呢？03'52"

必須要先了知這種惡尋思還有煩惱散亂的過患。04'00"

一定要先了解，因這些雜念或者隨煩惱而導致的散亂所帶來的過患。那它最深的過患，就是我們絕對無法成就奢摩他，它直接破壞了結果，還有苦受等等。這需要有非常強而有力的正知來做觀察，防止內心向外流散。要強而有力的正知的話，就到了第幾住心了呢？所以必須要先成辦第五住心與第六住心，是不是這樣？04'47"

我們再往下看，看原文：04'51"

> **能生此者，復須散失所緣亦即速憶所緣，及須最初不從所緣散亂正念，故須第三及第四心，以此二心即彼二念所成辦故。又生此者，須先令心繫於所緣，及令所繫續流不散，故應先生初二種心。** 05'27"

要生起這樣的心——也就是要生第五住心，又需要什麼呢？又需要即使從所緣散逸，也能夠快速地憶念起所緣，以及從最初就能夠避免從所緣散逸的什麼？正念。所以就需要第三住心與第四住心，因為第三住心與第四住心是透過兩種正念所修成的緣故。要生起這兩種心，需要首先將內心安置於所緣，以及使如此安置的續流不散逸，所以要先生起什麼？第一住心和第二住心。06'20"

有沒有發現：想生起五住心以及第六住心的話，就是要具備強而有力的正知觀察自心的一個能力，對不對？大家承不承認觀察內心強而有力的正知是一種能力？而這種能力是不是可以訓練出來的?所以它就必須要先透過正念令自己的心能夠安住,然後當內心散亂而離開所緣境的時候——離開所緣了,怎麼辦?能夠立刻憶念到、察覺——馬上就發現了,它非常機敏的。並且透過什麼?正念把心再拉回來,再一次安住在所緣境上。07'04"

然後就這樣,透過不斷地、不斷地反覆地練習,使得最初就能夠生起強而有力的正念,讓心在修定的過程之中,不會因為散亂而失去所緣境。就是說這個散亂是破壞不了的,它不會因為散亂而失去所緣。所以就需要什麼?就需要第三住心與第四住心,這兩個住心的特色,就是都透過正念成辦。所以如果想要生起第三住心和第四住心,在此之前就必須將我們的心聚焦在善所緣境上,並且能夠什麼?安住的時間從一開始要拉長、拉長、拉長、拉長……,然後保持不散亂。如果這樣的話,是不要開始從那個一點、一點短暫安住的時間開始拉長?所以一定是必須先生起第一住心與第二住心。08'21"

由此可知,九住心是由一點點專注的時間,然後慢慢地變大、變大、變大,變得很長、長時間的,會到達那種隨心所欲地願意安住多長就多長。一開始是一點都不能隨心所欲;後來就是全部都能隨心所欲,所以它是由小漸大、由弱變強這樣依照次第生起的。08'51"

而所要對治的違品,一開始對治的是粗的,然後慢慢包括散亂和昏沉到最後都是很微細的。要對治的違品需要由粗漸細依次斷除。這就是經論中常常提到的:「對治由小漸大,所斷由粗漸細」。記不記得宗大師在《廣論》裡邊有講過:對治煩惱的時候,他的經驗是從煩惱才生的時候就要對治,一旦你把它養得很大之後就很難對治了。還記得這一段吧?所以看來修定對治它的違品,也是遵循著這樣的規律。09'38"

現在聽起來是不是也覺得沒有那麼難?從第九住心往回走的時候,乃至從第一住心順著往上走的時候,合情合理吧?就是一個我們從少變多、從沒有到有,這樣一個循序漸進的過程。循序漸進,滴水石穿,只要我們的目標放好,中間的傳承是清淨的,所修的所有都有清淨教典的依據,傳承祖師都實踐過的經驗,那我們有同樣成佛能力的這樣一顆心,有不想要痛苦、想要離苦得樂的這樣一顆心,那為什麼我們會修不成呢?非常地期待大家能夠對止觀生起渴望、渴仰之心,集聚資糧,然後能夠成辦它!

謝謝! 10'46"

講次0115
總結九住心的次第

大家好！很高興又到了我們一起學習《廣論》的時間了。今天我們繼續要學習奢摩他的部分，請大家翻開《廣論》379頁第3行，《廣論》的校訂本是96頁倒數第2行。請大家跟我一起看原文。專注喔，專注！00'42"

> 如是總謂先應隨逐聽聞教授，善修令心等住之理。次於如是安住，由數思惟令略相續而護其流。次若失念而散亂時速應攝錄，忘所緣境速應憶念。次更生起有力正念，從初便發不散所緣念力。若已成辦有力憶念，當觀所緣散亂沈掉等過，以發猛利偵察正知。01'31"

《廣論》段落
奢摩他校訂本：P96-LL2～P98-L1 如是總謂……下文當說。
福智第三版：P379-L3～P379-LL3 如是總謂……下當廣說。

講次0115　總結九住心的次第

這一段大師為我們總攝，說：最初要依循聽聞教授，善加實踐使內心平等安住的方法。接著對於這樣的安住要反覆地思惟，使得續流能夠稍微延續一下，藉此維繫這個續流。之後如果退失正念而散逸，要快速收攝、快速憶念起遺忘的所緣。接著發起更加強而有力的正念，以發起一開始就不會散於所緣以外的正念力——就是他只緣住於善所緣。修成有力的正念之後，透過見到從所緣散逸到其他地方的沉掉等這種過失，而進行偵察，我們應當要發起如此的強猛正知。02'39"

這段總結我們再討論一下，比如說：想要修成九住心的話，我要怎麼做呢？最初要先聽聞，依循聽聞的教授，依靠聽聞力成辦第一住心，叫什麼？內住。內住的時候什麼樣？心是短暫地安住；短暫安住之後，之後就要透過思惟力，反覆地思惟相關的內容，成辦第二住心，什麼？續住心，續住，讓心安住的時間就約略地、約略地拉長了；在這段時間，假使忘失正念，開始散亂、開始走神了，怎麼辦？應該立刻用正念迅速地把心收回來，拉回到原本的善所緣上，透過憶念力，注意！透過憶念力成辦了第幾住心呀?第三住心。第三住心是什麼心?安住心。在不斷串習之後,提升正念的力量,讓心從一開始就不會離開所緣,一開始就不能向外流散,透過憶念力成辦第四住心——近住心;一旦這個時候正念圓滿了,然後還要什麼?還要再加以正知觀察沉掉所造成的很負面的影響、很破壞性的影響,而且我們會非常直觀地、非常直接地將這樣的影響視為過患,就是你已經看到這種過患了——看到這種過患當然就是我要防啊!不要讓這種東西傷害,進而就要防範,防範什麼?防範完全是心向外流散的這樣一個習慣,那麼就要透過正知力成辦第五住心,什麼心?很好聽的名字——調順心,與第六住心,什麼心?寂靜心。有沒有聽清?05'09"

好!再往下看。看原文:05'16"

> 次當起功用力,雖由微細忘念而散,亦能無間了知而截其流。既斷除已,令諸障品不能為障,漸延續流。生此力時,策勵修習,得修自在,即能成辦第九住心,無諸功用成三摩地。05'51"

所以之後要發起勤奮的力量，這裡邊的「**功用**」就是勤奮的意思，即使是由於微細的遺忘而散逸，當下就能夠了知而截斷其續流；以及截斷之後，不受不順品的阻礙，使這樣的續流能夠逐漸延長。生起這樣的力量的時候，透過勤奮地修持，然後串習，達到什麼？那兩個我們非常嚮往的字——達到「**自在**」。這樣的話，就能修成不經過辛勤努力就成為等持的美妙的第九住心。06'34"

那我問大家：正知很圓滿的時候，當下是不是就沒事了呢？當下會不會生起細微的忘念呢？對！當下即使生起細微的忘念導致內心散亂，也能什麼？當下就覺察！就非常地俐落——你當下生起、我當下覺察，而且就用對治斷除續流——斷除續流就是 stop，讓它停了！這樣努力地透過精進力就成辦了，我再重說一遍，就成辦了第七住心，就是最極寂靜。斷除之後，讓三摩地的續流慢慢拉長，在那段時間裡不會被沉掉違品所阻礙，透過精進力成辦了第幾？第八住專注一境；透過精進不懈地努力，最終就完全、完全地掌控自心了！在不依靠正念正知的情況下，任運地安住於確定好的所緣境。任運是什麼意思？毫不費力氣自然而然地,好像水到渠成般它就開始非常調柔地,好像是自己的心,它聽話了,它就安住於確定好的所緣境,透過串習力就成辦了第九住心等住心。07'56"

那我們接著再往下看,請大家看原文:08'01"

> **是故未得第九心前,修瑜伽師須施功用,於三摩地安住其心。得九心已,雖不特修等住功用,心亦自然成三摩地。** 08'22"

因此在還沒有獲得第九住心以前,瑜伽師們必須施加勤奮,就是好好用功,令內心安住於等持;等到獲得了第九住心以後,即使沒有刻意策發平等住的勤奮,內心也會自然而然地成為等持,就是已經非常輕鬆了。08'47"

這一段還是再強調一下,在沒有獲得第九住心以前,要不要用功啊?要的。必須刻意地提策,才能夠讓心安住在三摩地當中;等到獲得了第九住心之後,即使沒有刻意提策,也能夠任運自然地安住在善所緣上。09'12"

我們可以看到宗喀巴大師從順逆的兩種次第來解釋九住心，大家覺得解釋得是不是清晰又圓滿、又善妙？由此我們就可以對九住心有沒有一個整體的認識啊？就知道了：喔！修定的過程中原來是一開始怎麼樣，到最後怎麼樣的，遇到什麼樣的狀況。然後遇到什麼樣的狀況，應該採取什麼樣的解決方案呢？對治方法呢？以及在沒有沉掉的時候要怎麼辦？沉掉已經沒有了，那我要幹什麼？應該要依止哪幾個字啊？「無功用」等等。09'58"

以前有善知識說：我們能把學的這個《廣論》原文，從「**如是總謂先應隨逐聽聞教授**」，到剛剛學的，「**得九心已，雖不特修等住功用，心亦自然成三摩地**」這一小段背下來，反覆思惟這一段的內涵，不用背太多。那麼對於我們修定來說，會不會有絕大的幫助呢？我認為會的！10'26"

當然有一些同學把整本《廣論》都背下來了。現在有很多法師把《廣論》背下來，有的是正在背，昨天我還聽說一個法師好像是背到業果的部分，也有人背到菩提心的部分，也有法師是一開始講奢摩他的時候就開始背，然後可能奢摩他講完，背毗缽舍那的時候後半止觀就背完了。很隨喜大家！11'02"

好！我們接著往下看。看原文：11'09"

> 雖得如是第九住心，若未得輕安，如下所說尚不立為得奢摩他，何況能得毗缽舍那？然得此定，有無分別、安樂、明顯而嚴飾者，誤為已生等引、後得共相合糅無分別智。尤見極多於《聲聞地》所說第九住心，誤為已圓滿生無上瑜伽之圓滿次第者，下文當說。11'44"

這裡邊為我們抉擇了一件非常、非常重要的事情，大家一定要好好地聽，不要走神！說即使獲得了這樣的第九住心，已經非常地高超了，因為它是自動的，但是如果你還沒有獲得輕安的話，就像後面所說的，還不能安立為獲得寂止喔！更何況是勝觀，也不是勝觀喔！就是有沒有得到奢摩他呢？連奢摩他都還沒有得到呢！注意喔！第九住心還不算是奢摩他,更不用說是已經獲得了毗缽舍那。我們就會很驚訝:「為什麼有人會以為獲得毗缽舍那了?」就有這樣子! 12'27"

說:然而如果獲得了——注意——安樂、清晰、無分別所莊嚴的這樣的等持,然後就誤以為是生起了等引與後得相融的無分別智。尤其是有非常多的修行者把《聲聞地》所宣說的第九住心搞錯了,誤以為是已經圓滿地生起了無上瑜伽的圓滿次第——大師說後面還會再提到這種修行的狀況。13'01"

大家會不會覺得這個問題非常、非常重要?比如說你得到第九住心的時候,那第九住心已經不會隨著沉掉而轉了,而且是沒有刻意地去想善,也沒有刻意地去想各種事情,它就已經是沒有分別。不止如此,內心安住在善所緣上,它是非常地安樂、非常地舒適,而且可能還具有光明。想想我們坐在光中的感覺,這是一種未曾有過的感受,會不會讓很多修行者飄飄欲仙呢?飄飄欲仙之後就誤認為:「哇!已經生起了等引後得融合的無分別智啊!」

有人認為自己可能是開悟了還是怎樣，或者還誤以為已經到了那個無上瑜伽的圓滿次第了，認為這已經是修行的最高境界了！為什麼呢？因為從來沒有感受過這種東西啊！已經完全地超越了他平常的經驗。14'12"

注意！這是一個非常嚴重的、徹底的誤判，可能是因為沒有學習教理吧！然後就會自己感覺是那樣就是那樣。其實一對到教典，就知道這遠遠不是那樣！這是沒得輕安的時候，就是第九住心而已，還沒有得到奢摩他。這只是第九住心而已，連奢摩他都不是，更不用說是毗缽舍那等等那種更高的證悟了。所以這一點的抉擇是非常、非常重要的！14'52"

注意喔！到第九住心的時候，如果感受到光明生起來，你坐在一片光中的話，那是非常迷人的境界，有可能會覺得自己好像在哪裡了。在這樣的一個狀態之下，如何保證自己不會誤判自己修行的狀態呢？所以一開始依聽聞力就很重要！15'16"

我們是從第一住心開始依聽聞力的,但是第九住心修行所依靠的教典,還有你的經驗,還有上師的經驗的傳承,也都是靠聽聞力獲得的,對不對?不僅僅是第一住心需要聽聞力,後面的全都需要的。所以如何知道自己行在何種次第,自己所現起的修行的這個境界是到了什麼狀態,那一定要是嚴格地依照教典來判別,不能夠依照自己的經驗和感覺,覺得特別殊勝就以為到了某種程度,這是非常坑人的,最後會害我們自己! 15'58"

所以今天學到了這個抉擇,還有這個從順逆兩種次第來解釋九住心的話,我是有如獲至寶之感!不知道諸位是怎樣的?希望大家能夠真的好好珍惜,依之而行。謝謝! 16'17"

廣論止觀初探

彼具四作意之理

講次0116
四種作意（一）

　　大家好！又到了我們一起學習《廣論》的時間了，很開心吧！請大家翻開《廣論》379頁倒數第2行，《廣論》校訂本是98頁也是第2行。今天我們要學習四種作意，請大家跟我一起看原文。看原文：00'48"

　　第三、彼具四作意之理：如《聲聞地》云：「即於如是九種心住，當知復有四種作意：一、力勵運轉；二、有間缺運轉；三、無間缺運轉；四、無功用運轉。於內住、等住中，有力勵運轉作意。於安住、近住、調順、寂靜、最極寂靜中，有有間缺運轉作意。於專注一趣中，有無間缺運轉作意。於等持中，有無功用運轉作意。」01'30"

《廣論》段落
奢摩他校訂本：P98-L2～P99-L2 第三、彼具四……運轉作意。
福智第三版：P379-LL2～P380-L5 第三具四……運轉作意。

其中四種作意的道理,《聲聞地》中說:「對此,應當了知在九種心當中,這裡邊是有四種作意的。」那四種作意分別是什麼?「力勵運轉、有間缺運轉、無間缺運轉和無功用運轉。」那它怎麼分配的?「在內住與等住當中的是有力勵運轉作意,也就是在前二住心中有力勵運轉作意。在安住、近住、調順、寂靜與最極寂靜當中就有有間缺運轉作意,也就是在第三到第七住心中有有間缺運轉作意。那麼,在第八住心,什麼?專注一趣當中有無間缺運轉作意。在第九住心的等持當中,有無功用運轉作意。」就是把它們分配一下。02'36"

不知道你們會不會覺得難記?其實用一個圖案式的畫圖——以前我學習的時候,如果覺得分類很多的時候,就用一個畫圖的方式,很容易一下就看明白了。愛寫筆記的同學,可以畫一畫,很容易的!接著,03'01"

此說初二心時,須勤策勵,故立力勵運轉作意。次五心時,由沈沒、掉舉故,中有間缺不能經久座修,故立有間缺運轉作意。隨後第八心時,沈沒、

> 掉舉不能為障,而能經久座修,故立無間缺運轉作意。隨後第九心時既無間缺,又復不須恆依功用,故立無功用運轉作意。03'43"

在提到前兩個心的時候,才把它安立為「力勵運轉作意」。在之後五個住心的階段中,會被沉掉所中斷,無法長久地在座中維繫,所以安立為什麼?「有間缺運轉作意」,它是有空間的。之後第八住心當中,由於沉掉無法中斷,能夠在長久的座中維繫,所以安立為「無間缺運轉作意」。那麼到了第九住心的時候,既不會中斷、也不需要持續依止勤奮,所以就安立為「無功用運轉作意」。04'24"

如同《聲聞地》中所說,九住心包含了幾種作意?四種作意。在第一與第二住心的時候,要不要花力氣?要花很大的力氣,才能讓我們躁動不安的這個心安住在所緣境上──稍稍安住一下,就是取得一點點小小的成績,但是要費很大的辛苦!因為當我們觀察的時候,哇!妄念遍天覆地都是,雜念特別多,就那個階段。所以一定要具有什麼？「力勵運轉作意」,要用功!05'04"

那麼從第三住心到第七住心之間,大家專注的時間有沒有變長呢?安住的時間有延長了!但是過程中會不會被沉掉干擾啊?會的。在過程中會不時地、不時地被沉掉干擾,沒辦法不間斷地修行三摩地,老是被打擾,所以它就具有「有間缺運轉作意」。這個名字比較貼切喔!那麼到了第八住心的時候,會不會沉掉干擾呢?不會再被沉掉干擾了,能夠長時間地修三摩地,所以它具有「無間缺運轉作意」。到最後第九住心的時候,它不僅三摩地不會間斷,而且不需要刻意防備,也不需要防備、也不需要對治沉掉,因為都不見了嘛!連細微的都不見了,都被對治乾淨了,所以這時候就要具有「無功用運轉作意」。有沒有清楚?06'13"

再說一遍,就是四種作意:第一、力勵運轉作意;第二、有間缺作意;第三、無間缺作意;第四、無功用運轉作意。在第一住心與第二住心的階段,要積極地、勤奮地、非常拼命用功地以正念和正知對治沉掉,對不對?所以叫做什麼？「力勵運轉作意」。因為那個時候還需要養成一個修定的習慣，這必須要用功的。但第三住心到第七住心的中間，因為前面積極地對治沉掉，所以沉掉的力量有沒有減弱？它有減弱了，所以正念力和正知力不用那麼強，可以稍微放緩一點了，不用那麼拼命，就不需要像第一住心、第二住心那麼強烈了。在這個時候沉掉消失了嗎？還沒有呢！這時候沉掉的障礙還在那兒呢！所以叫做「有間缺運轉作意」，對吧？那麼第八住心的時候，沉掉就不會再生起了，所以叫「無間缺運轉作意」。第九住心的時候，不僅無間缺，而且完全不需要任何對治，所以叫「無功用運轉作意」。07'24"

他用這四個作意，再把我們的這九住心標註一下它階段性的特色。有沒有發現？從六力，順、逆兩種九住心的這種描述，從各個方面幫我們再再地認識、反覆地學習九住心每一住、每一住它出現的狀況、對治法、會有什麼狀態……，是很清晰的。一遍一遍地學、一遍一遍地學，我們就不會覺得：修定對我來說此生很遙遠，還有的人可能認為很簡單，兩腿一盤就可以了，就是垂簾、舌抵上顎，甚至有的人都不需要善所緣。08'15"

所以學了這樣的教典之後，就把我們心中以往對於修定錯謬的看法——甚至沒有大乘發心，甚至不需要戒等等這些都對治掉，就是依照教典而修嘛！尤其是九住心這幾種作意的描述，更加清晰地讓我們看到了：啊！在不同階段的修定的心，它所呈現的狀況。那個作意和不作意更加凸顯了什麼叫「無功用運轉作意」，那時候就是不能再用，用就反而是過失了。所以這個是非常非常清晰和強烈地，從各個角度，對九住心像鏡頭一樣一個很細緻的描述。其實跟大家一起學到這一段，我是非常非常開心的，希望大家也能夠歡喜地受用！謝謝！09'04"

講次0117
四種作意（二）

大家好！很高興又到了我們一起學習《廣論》的時間了。這一週你們過得還好嗎？有沒有努力聞思修，精進地斷惡修善啊？如果有的話，就隨喜大家！今天我們繼續學《廣論》380頁第6行，《廣論》的校訂本是99頁第2行。準備好了嗎？要一起看經典囉！ 00'46"

在這一段其實是有人提了一個問題，然後宗大師回答，我們看看這是什麼問題。說： 01'00"

> 若爾，初二心時，亦有有間缺運轉，中五心時，亦須力勵，云何初二不說有間缺運轉作意，於中五心不說力勵運轉作意？ 01'16"

《廣論》段落
奢摩他校訂本：P99-L2～P100-L1 若爾，初二……得勝勿捨。
福智第三版：P380-L6～P380-LL3 若爾初二……得勝勿捨。

這是對兩段提的問題,這個問題是什麼意思?是說:在前二心的階段中有「有間缺運轉作意」,而在中間五心的階段中也需要警策,那為什麼不說前二住心當中有「有間缺運轉作意」?還有,為什麼不說中間五心當中要「力勵運轉作意」呢? 01'43"

　　我不知道問題有沒有聽清楚?可以再重複一遍問題。可能有人問了:相較於中間的五個住心,就是比中間的五個住心的話,前二住心更容易被沉掉影響而中斷——為什麼?因為一點經驗都沒有啊——那為什麼他就不說前二住心當中也有「有間缺運轉作意」呢?這是一個問題。接著,相同地,說:中間的五個住心要不要對治沉掉呢?也要設法對治沉掉,才能讓心安住在善所緣上,那為什麼不說中間五住心也有「力勵運轉作意」呢?這也要很用功的,為什麼不這樣說呢?接下來我們就看一看大師是怎麼回答的。 02'45"

答:初二心中,心成不成定,後者極長;中間五心住定極長,故於後者立三摩地間缺之名,前者不爾。故雖俱有力勵運轉，然間缺運轉有無不同，故於力勵運轉作意，未立五心。03'12"

大師回答了，說：前二住心當中，在內心成為等持與不成為等持二者之間，後者內心不成為等持的狀態是非常地漫長；而在中間的五個住心當中，可以非常長久地安住於等持，所以後者被命名為等持間缺，前者不能夠如此命名。也就是中間五個住心的階段是有間缺運轉，前二住心不會被稱為有間缺運轉。因此前二住心與中間的五個住心的這兩個階段，雖然同樣都具有力勵運轉，但是有、無間缺運轉是不同的。所以中間的五個住心就不安立為具有力勵運轉的作意。04'14"

大師的回答有沒有聽清楚？我要再說一遍嗎？再說一遍聽明白的同學會不會覺得煩呢？那我再說一遍吧！04'24"

大師的回答就是：注意喔！慢點。前二住心的這個階段，沉掉的力量猛不猛？是非常強猛的。那次數頻不頻繁？是非常頻繁的。所以前二住心的沉掉的力量又很強猛、次數又很頻繁,導致我們的內心多半都處在什麼狀態?根本無法專注的狀態。所以你不會說是沉掉造成三摩地中斷,對不對?你不能這麼說,所以就不能夠稱為「有間缺運轉作意」。那如果想專注於所緣境,就必須提起強大的心力,所以在這個階段主要強調什麼?「力勵運轉作意」,因為開始比較辛苦。05'16"

注意!到了中間了。那中間的五個住心的階段,雖然也要設法對治沉掉才能讓心安住,但不像前二住心那麼、那麼地費力氣了。因為前二住心完全沒有經驗啊!就好像調伏狂象與狂奔的馬一般,要調伏這個心!前二住心我們就要遇到這樣的問題。它不像前二住心那麼樣地費力,所以它就不說「力勵運轉作意」。在這個階段雖然安住在所緣境的時間較長,但是在修定的過程中,仍然時不時還是會被沉掉影響,導致等持中斷。所以要特別強調什麼?「有間缺運轉作意」。06'01"

好!我們接著再往下看,換到另一個問題囉!看文:06'09"

> 如是謂住前說資糧，恆依精進修三摩地，乃能成辦正奢摩他，若略修習一次二次，還復棄捨所修加行，必不能成。如《攝波羅蜜多論》云：「由無間瑜伽，精勤修靜慮。如數數休息，鑽木不出火，瑜伽理亦然，未得勝勿捨。」06'42"

　　如此一來，就提到安住於前文所說的資糧，持續地依止修定的精進，這樣才能修成寂止；如果僅僅修持少數的一、兩次，然後就再度地放棄加行，這樣到底能不能修成寂止呢？大師說：「必不能成。」為什麼呢？因為《攝波羅蜜多論》中說：「應當透過持續不斷的瑜伽，精進地修持靜慮。如果反覆地休息，就像鑽木終究無法生火，」就是它老停，「就像鑽木究竟無法生火，瑜伽的道理也是一樣的，在還沒有獲得殊勝以前是不應該捨棄的。」這裡邊的「殊勝」，就是指靜慮或者奢摩他，修行者在還沒有獲得奢摩他以前，是不應該捨棄加行的。07'49"

　　這一段大師教誡我們說：想要修成奢摩他的話，一定要依次地修學九住心，即使獲得了第九住心，但是還沒有得到那個重要的標幟,是什麼?對!輕安嘛!對吧?在還沒有獲得輕安之前,還是要持續地精進修持,直到獲得殊勝的輕安,修成奢摩他為止。如果因為得到了第九住心就感到滿足了,然後就不用功,暫緩修學三摩地的話,會不會停在那樣的境界中呢?會停在那兒!得少為足,有的人還會倒退。所以那個狀況就像想要鑽木取火,鑽得很熱、很熱、很熱,欸!快要出現火苗了,他停下來了!停下來就不鑽了,休息!這樣能不能得到火呢?只是徒勞無功。那我們修定也是一樣的,一定要堅持到修成奢摩他為止!
08'56"

在這一段,大師又語重心長地教誡我們,告訴我們說:這件事一定要持之以恆地堅持。一旦你確定之後,當我們要的那個目標——就是得定嘛,對吧!第九住心後面還有輕安,那個沒有出現之前是不能停的!是不能一會兒休息、兩會兒休息。或者這裡中間可能會產生憂悲苦惱、疲倦,或者覺得乏味,這前面都講過,你要設法讓自己的心從這種不樂修定的狀態,或者修得很殊勝的相應,然後開始非常滿足、飄飄地,就有點輕忽了,不去努力用功,這樣的話都是達不到奢摩他的那個標準。09'54"

有沒有感受到大師的慈悲心？特別特別害怕我們在某一個環節又出了錯，又沒有達到修止的那個目標，所以在這裡邊反覆地叮嚀，連疑問都回答得非常地細緻。10'13"

學習教典能夠感受到一種樂趣，就是不停地發現你的智慧越來越細緻，不停地發現問題，也發現內心的問題。有沒有發現在聽聞奢摩他的教授的時候，一些知見就轉了！如果知見轉了的話，你座上修的時候、你真正用功的時候，你得少費多少力氣呀！因為有的時候可能是一生、兩生、十生都在那種奇怪的見解裡邊修行，那是達不到目標的，因為方法是錯的！所以花這麼多的時間來聽聞，會不會覺得賺到了、賺大了？能遇到這麼完備的講說如何修奢摩他的教典，這是我們的福報，也是佛菩薩的恩德，尤其是師父的恩德！所以大家要好好地努力。謝謝！11'14"

講次0118
總攝九住心（一）

大家好！很開心又到了我們一起學習《廣論》的時間了。請大家觀察一下自己的相續，調整一下自己聽法的動機，要以一個大乘的意樂——為了利益無窮無盡的如母有情，我們要趣向於遍智的果位，為了這樣的目標來學習止觀。00'44"

之前我們學到透過九住心、六種力、四種作意獲得奢摩他。過去有很多大德解釋了修定的這個必經過程，像在《掌中解脫》、《霞瑪道次第》，還有其他祖師都有提到，最初由於什麼力，還記得嗎？聽聞力，最初由於聽聞力。從哪裡聽聞啊？從上師處聽聞。聽聞什麼呢？從上師處聽聞所緣的教授——就是我們修定要緣什麼，這個緣得

《廣論》段落
奢摩他校訂本：無
福智第三版：無

從上師那兒聽聞。那麼從上師處聽聞所緣的教授後開始修，此時只能稍微安住於所緣，多數是沒法安住或持續安住。由於我們觀察內心的力量就能夠明白，明白什麼？內心是隨著掉舉和流散這樣來回地轉動，雖然一開始座上修的時候，會感覺似乎比過去生起了更多的、更多的思慮，然而到底是不是思慮越來越多呢？不是！並非思慮增多，而是認識思慮。注意！看似思慮越修越多，實際上是認識越來越多的思慮。02'33"

霞瑪班智達還有善慧摩尼大師都曾經說過：「就好像在一條大馬路上，人潮川流不息，但如果你不去注意的話，你就不知道有多麼多。」以此來形容平常沒有感覺思慮這麼多。為什麼有沒有感覺？因為沒有注意啊！02'56"

還有一個譬喻是說：第一住心的時候，哎呀！這個思慮就像懸崖上的瀑布。懸崖上的瀑布什麼樣啊？是不會間斷的。賽倉大師的筆記中也有說過：「不用說得到奢摩他，就單單得到第一住心，心識的能力就會比之前更加地強大。」格西拉解釋，這段話的意思是說，分辨、認識等等這樣的心的能力，都變得更加地精細和快速了。第一住心是由聽聞力所成辦的。03'46"

賽倉大師所記錄妙音笑大師傳授《妙音教授》的筆記中有說過：「第一住心的時候」，注意！第一住心的時候，「在如同白芥子大小般極細的所緣之上，心一剎那也安住不了，會跳動的。」這個跳動就是指好像念頭在跳來跳去，你控制不了的，它跑來跑去、一直跑掉。「必須經過長時間地練習、反覆地練習遮除沉掉，然後一時突然可以安住一剎那了。就像一直流動的水、沒有停過的水突然停下來，就是成辦第一住心。」04'43"

不知道你們有經歷過比如說走過一條河，那條河一直在流淌，發出很大的聲音；可是某一天，比如說某一天的清晨，在晨曦的時候你又走到這河邊，一切都靜靜地，你發現整條河一點聲音都沒有，所有的水都靜下來了。然後你連腳步都不敢大聲地走，就被那種靜謐、突然地停止震懾住！就像第一住心。05'22"

第二住心的時候，就是透過如此地修持，然後心就稍微能持續地安住於所緣，它安住於所緣的時間，就會有點像念一串六字大明咒的時間長度，在這段時間心不散亂。這個階段內，有的時候思慮止息、有的時候思慮又生起來了，但是會有思慮休憩的這樣一個感覺。善慧摩尼大師也曾經譬喻說：「此時就像深谷中小瀑布，忽然有水、忽而又沒水了。」沒水就停了嘛！06'12"

　　那麼問大家：第二住心是由什麼力所成辦的，你們還記得嗎？由思惟力所成辦的。在第一住心與第二住心的階段，會不會生起許多沉掉呢？會的！會生起許多許多的沉掉。那安住少不少呢？很少安住。因此它屬於四種作意中的哪一種作意？屬於四種作意中的「力勵運轉作意」的階段，因為什麼？因為散亂的時間比安住的時間長呀！06'48"

　　大家可以想一想：如果常常自己願意累積負面的作意的話，那到了修奢摩他的時候，如何面對這個散亂比安住時間長的這個座上修呢？因為你非常清楚都在散亂，如果個性又急，一段時間都卡在第一、二住心的階段，會不會否定自己呢？讓自己失去座上修的這個勇氣。因為天天算啊，說：唉呀！我今天就是越修好像煩惱越多，也沒有什麼成就感。然後每天就很沮喪，唉聲嘆氣的，過一段時間又不去思考修奢摩他的勝利，就會失去了歡喜心。07'43"

為什麼他會一直計算自己好像因為有太多的思慮，就進行否定自己呢？就是他忘了學教理，或者他沒有學過教理。所以了解了教理是有多麼重要！因為這個階段就是讓你知道自己思慮多，自己散亂的時間是這麼長、這麼長，相比之下，住心是那麼短、那麼短。所以這個階段對自己的評價，應該是更強大的認知力認知了散亂，知道自己大多數時間都在散亂、昏沉等，這是不是一種功夫呢？也是一種功夫。08'30"

所以一座下來，要依據教理去總結一下，不要憑感覺。因為如果只憑感覺的話，那麼一、二住心我們就修不下來，後面就更不要說有其他住心了。所以有經論依據的修習，一開始由聽聞力從善知識那兒聽聞了善所緣，知道第一住心、第二住心都會發生什麼？根據什麼來評價自己功夫有沒有進展？發現自己昏沉和散亂特別得多，這就是功夫在進展，這時候心已經很精細，認知力已經變得強大多了。你們有沒有發現？學了教典之後實際上修行會變快，所以我們一定要堅持把奢摩他和毗缽舍那好好地學一輪或多輪。09'25"

　　接著我們該到第三住心了。有沒有在聽？精力拉回來喔！第三住心的時候，就像在衣服上打補丁一樣，在相續安住的基礎上，當心散到所緣以外的其他地方的時候，注意！就立刻了知，再度地令心安住在所緣上。所以第三住心的時候，散亂的時間比前二住心的階段少不少？少的！它時間就是散亂變短。第三住心是為了生起有力的正念的階段。10'06"

　　第一住心的時候會生起認知思慮的感覺，記得吧！前面講過。那麼第二住心會出現思慮休憩的感覺。那第三住心的時候有什麼差別呢？第三住心會出現思慮中止的感覺。那麼第四住心的時候，會生起有力的正念之後安住在所緣上，此時不可能失去所緣，因此比前三住心更加地超勝。雖然不會失去所緣，但是在不失所緣的情況下，會生起強猛的沉掉，所以必須依止對治沉掉的教授。10'53"

那這個部分依靠教理也是非常非常重要的，大家想想，如果自己判斷的話，到了這一住心就會發現：沒有失去善所緣啊！會特別特別地著重在自己有不忘所緣，就是一直有提著這個正念、提著這個功夫。因為有特別去計算：「哎！我都沒有失去所緣。」就沒有去看昏沉和散亂，但是昏沉和散亂有在並行喔！而且是很強猛。那麼教典上就告訴我們說這一住心要特別必須依止對治沉掉的修法，絕不能停在不忘所緣就行了，因為這才是第四住心。11'46"

問大家一個問題：如果我們沒有學過奢摩他的詳細教理的話，有人會不會覺得：這功夫就可以了，就了得了！因為什麼？因為你已經不會忘記所緣啦！不會忘記所緣就是你也不會失去所緣了。那麼如果停在此處，不去對治昏沉和散亂的話，注意！如果不對治的話，就會在這種不失去善所緣，但是昏沉和散亂都在裡邊攪擾這種所謂的修定的狀態下,不知道會停多久!有的時候可能一年,有的時候可能是多少年啊,都在這種狀態中,還覺得:我不會失去所緣。而且時間久了,因為沒有去對治沉掉,有可能連這住心也會向後退失了! 12'44"

我們總攝一下:第三住心與第四住心是由哪一個力成辦的?是由憶念力成辦的。從這個階段開始,正念的力量就會像一個成年人了,就是成熟了,像一個成年人成熟了一樣,或者說這個正念力量已經變得有力而堅穩。但是別忘了還有要什麼?要對治強猛的昏沉與散亂。我們很辛苦地把正念從第一住心、第二住心、第三住心養到這個第四住心的時候,把它養得成熟了,這個穩健成熟的像成年人一樣,它要做什麼?不是坐在那兒享受第四住心不忘所緣的這個成就感,它應該起來戰鬥,對吧?應該起來與沉掉敏捷、英勇地戰鬥!那時候我們的正念已經很有力了,而且觀察力也非常強,就是能夠發現那個沉掉。這樣的話,我們就可以率領正念、正知的大軍,痛擊誰?痛擊沉沒和掉舉——只不過這個痛擊的力量是靜悄悄地,是清晰地發生在座上修的這個美妙的時光裡! 14'24"

講次0119
總攝九住心（二）

大家好！現在又到我們一起學習《廣論》的時間了，接著往下。第四住心因為心太向內攝，導致在第五住心的時候極有可能會產生細分的沉沒。然後這個時候要引生有力的正知，透過正知偵察，思惟等持的功德，令我們的心振奮。第三、四住心的階段，粗分的沉掉會生起，到了第五住心的時候，粗分的沉掉就不會生起了。01'00"

第五住心有可能會令心太過策舉，然後導致第六住心的時候極有可能生起細分掉舉。那麼生起了細分的掉舉的時候，必須發起明了細分掉舉的有力正知，視細分的掉舉為過失而進行遮止。因為你如果不把這個細分的掉舉看成是過失的話，就會懶懶散散地沉在裡邊，還覺得不錯，就

《廣論》段落
奢摩他校訂本：無
福智第三版：無

沒辦法讓它停止了。比起第五住心，在第六住心的階段沒有生起細分沉沒的危險。第五住心與第六住心是由正知力所成辦的。從這個階段開始圓滿了正知的力量。01'53"

在第七住心的時候，由於正念正知的圓滿，所以沉掉是難以生起的，可是此後必須發起精進力，也要把細分的沉掉看成是過失——不是硬把它看成過失，它真的就是個過失——這個時候要盡力地遮止細分的沉掉。在第六、第五住心的階段，需要擔憂啊！就是我們迷失於細分的沉掉；到了第七住心的時候，就不需要擔憂自己的心好像迷失在細分的沉掉裡。前面已經講過了很多次，因為關於細分的沉掉，最重要的就是對它的認知，要認知什麼是細分沉掉乃至它的過患，所以要辨識它，然後開始對治。這樣的話，就不會迷失在細分沉掉的這個迷霧之中，為什麼？因為我們知道它是有毒的。03'09"

在第七住心的時候，雖然基本上已經沒有生起細分沉掉的危險了，但仍然必須勤修斷除沉掉的方便。回頭，那第五、第六住心的階段，有沒有被沉掉傷損的顧慮呢？有的！還有被沉掉傷損的顧慮。到了第七住心的階段，雖然會生起沉掉，但是就能以精進遮止了，因此沉掉基本上無法障礙禪定。從第三住心到第七住心之間，雖然多數為等持，然而還是會被沉掉等中斷，因此是什麼？是「有間缺運轉作意」的階段。04'01"

那麼到了第八住心的時候，最初略微地依止憶念執持對治的這個功用，就能達到在座上修的期間，連細分的這個沉掉也不會出現，而且能維繫一座。所以從第八住心開始，是不需要依止正知的這個功用。由於第八住心的階段，如果稍微一下依止功用，提一下，那麼在座上期間就不會被沉掉這些障礙，所以它是屬於「無間缺運轉作意」的階段。第七住心與第八住心都是精進力成辦的。04'52"

善慧摩尼大師曾這樣比喻第八住心，他說：「如同海邊有風微微起浪，但海底是絲毫也不動。」賽倉大師他的《廣論引導筆記》中也有說過：「在投注於所緣的時候，心會晃動，如風中燭。」就像風中的燭火一樣。「這種晃動，直到第八住心都還會出現，所以有海邊微波的這種譬喻。」05'34"

在《掌中解脫》中有特別提到一點，就是在第八住心的階段，沉掉就像被擊敗的敵人一樣，一開始看起來還是狐假虎威滿有力氣的樣子，但是一下子後來就沒有力量了。就是說第八住心我們是穩勝。那麼銀水大師認為第八住心前半段可能會有沉掉，後半段沒有；但妙音笑大師認為第八住心仍然有可能還會有沉掉，這部分可以有待抉擇。06'12"

到了第九住心的時候，能遠離功用而轉。由於第八住心的時候數數、數數地串習，因此到了第九住心的階段，就能夠無功用地任運而轉。所以絲毫也不需要多努力，就像非常熟悉念誦的人在課誦一樣，自然成為了奢摩他等持了。就比如說你念《心經》念得特別熟，就不用特別刻意地去想，「觀自在菩薩，行深般若波羅蜜多時」，念這一句你不用刻意想第二句是什麼，就直接念出來，非常非常自然。06'53"

善慧摩尼大師曾經形容：第九住心就像波瀾不興的大海。第九住心——聽起來非常非常地美，這是經過前面那麼辛苦才達到的高度——是欲界心一境性的隨順奢摩他。那第九住心是由於什麼力所成辦的呢？是串習力。07'24"

　　現在我們再總攝一下，看一看這些心和心第幾住、幾住的差別。第一住心與第二住心，有安住長短的這個差別；那第二住與第三住心，有散亂長短的這個差別；第三住心與第四住心，存在著是否有可能會失去所緣依處的這個差別；第四住心與第五住心，有粗分的沉沒是否生起的這個差別；第五住心與第六住心，有是否需要提防細分沉沒的這個差別，不僅如此，雖然第六住心的時候會生起細分的掉舉，但是比前面的少不少啊？少！第六住心與第七住心，有是否需要極為提防失於細分沉掉的這個差別；那在第七住心與第八住心，有有無沉掉的差別；第八住心與第九住心，它們的差別就是你是否有特別用功——觀待有沒有功用的這個差別。08'47"

　　我們從第九住心往回去，再從第一住心往第九住心走，然後來回地這樣地思考，不停地熟悉在教理上對於這九住心的解釋，這樣我們用功的時候可以少走一些彎路。九住心、六種力、四種作意結合在一起的這個總結，到現在為止就講完了。09'13"

大家如果覺得複雜的話，還願意多聽幾遍嗎？還是複雜就覺得煩了，然後快點跳過，聽一些沒有那麼複雜的？因為這個九住心到時候座上修是用得上的，如果發現比喻多，幾住心、幾住心連在一塊兒就不太清楚了，那你就可以稍稍深呼吸一下，然後繼續聽，可以反覆地多聽幾遍。09'40"

教理上的熟悉，是座上修在用功的時候一定要做的功課，而且這麼這麼細緻地去讓我們知道哪住心、哪住心會出什麼狀況。其實這幾住心都是我們在用功的時候自己會經歷的一些狀況，那提前上師、佛菩薩都給我們看了：你走到這個地方的時候會遇到什麼、走到這裡會遇到什麼、走在前面會遇到什麼……。還給你講說：哎！前面那個和這個有什麼差別，從不同的角度來詮釋九住心的種種風光、種種我們會遇到的狀況。所以這是佛菩薩對我們的恩德呀！也是師父把這本論帶給我們。所以讓我們：「禮敬文殊尊，恩生吾善心；亦禮善知識，恩長吾三學！」10'40"

廣論止觀初探

顯示奢摩他成與未成之界限

講次0120
成就寂止的標準（一）

大家好！又到了我們一起學習《廣論》的時間了，我們一起祈求上師三寶的加持，用一個趣向於大乘「為利有情願成佛」的這樣一個作意，來開始聽今天的奢摩他。00'35"

我算了一下，我們大概還有18頁奢摩他就聽完第一輪了，聽完之後可能就要開始學習毗缽舍那，所以進度還是滿快的。00'53"

好！請大家翻開《廣論》380頁倒數第2行，《廣論》的校訂本在第100頁第2行。請大家跟我一起看原文：01'09"

《廣論》段落
奢摩他校訂本：P100-L2～P101-LL2 由修成辦……顯了說故。
福智第三版：P380-LL2～P381-LL4 由修成辦……顯了說故。

由修成辦奢摩他量，分三：一、顯示奢摩他成與未成之界限；二、總示依奢摩他趣道軌理；三、別顯往趣世間道軌。初又分二：一、顯示正義；二、有作意相及斷疑。今初： 01'40"

說透過修持而修成的奢摩他的標準，分為三科：一、說明修成與未修成奢摩他的界限在哪裡；第二就是總體說明依靠奢摩他行進於道的這個道理；三是特別說明行進於世間道的這個道理。那麼第一科分幾科？就分兩科，一是說明本身的意涵，第二是具足作意的徵兆及釋疑，就是解釋疑問。那現在該到第一科了，我們就往下看原文。注意聽喔！注意聽！02'26"

若善了知如前所說修定之軌而正修習，則九住心如次得生。此第九心能盡遠離微細沈掉，經久座修。此復若得任運而轉妙三摩地，不待策勵功用相續依止正念正知，是否已得奢摩他耶？ 02'57"

碰到後來說「**耶**」，這就是一個問題，那麼這是一個什麼問題呢？說，如果想善加了解如前所說的修定方法而修習的話，就能夠依照正確的次第生起九住心了。而第九住心遠離了微細的沉掉，能夠長久地維繫上座的時間，它有一個特色：它就獲得了一種任運趣入的等持。那麼這種等持的特色是什麼呢？就是它並不觀待於辛勤努力地、持續地依止正念與正知，所以它不是特別用功就能達到的這樣的等持。如果已經獲得了這樣的等持，請問：這時候是否已經獲得了奢摩他呢？03'52"

　換句話說，如果如同之前所說的，依照次第修習九住心就能獲得第九住心，而且在遠離了細微沉掉的狀態下，長時間地安住在所緣境上；那當下也不需要依靠正念正知，就能獲得任運的三摩地，這個時候是不是就表示已經獲得了奢摩他？04'20"

　大師會回答喔！我們再往下看，說「**茲當解釋**」，看原文：04'26"

茲當解釋。得此定者，有得未得輕安二類，若未得

> 輕安,是奢摩他隨順,非真奢摩他,名「奢摩他隨順作意」。04'38"

大師回答了,說:「需要說明。獲得了這樣的等持,其中有獲得輕安與還沒有獲得輕安兩種。如果還沒有獲得輕安是什麼呢?則是寂止的隨順,也就是奢摩他的隨順,不是真正的奢摩他,名為什麼?名為『奢摩他隨順作意』。」有沒有聽清?就是獲得了第九住心要分兩種人:一種人已經獲得了身心輕安,那他有沒有得到奢摩他?就得到了;還有另一種人,沒有獲得身心輕安,這時候的禪定與奢摩他是很相似的,但不是真正的奢摩他,稱為什麼?稱為「奢摩他隨順作意」。05'32"

那請問大家:得沒得到奢摩他的標準是什麼?兩個字,對吧?輕安!當然是身心的輕安。那麼獲得了第九住心之後,如果進一步得到了輕安,就是獲得了奢摩他;如果還沒有獲得輕安,只能稱為隨順的奢摩他──它的作用與奢摩他相似,但不是真正的奢摩他。05'58"

我們再往下看宗大師引用的經論依據。看原文，第一本是《解深密經》。06'09"

> 《解深密經》明顯說云：「世尊，若諸菩薩緣心為境，內思惟心，乃至未得身心輕安，於此中間所有作意，當名何等？慈氏，非奢摩他，是名隨順奢摩他勝解相應作意。」06'30"

《解深密經》中明確地說：「彌勒菩薩請問佛陀說：『世尊啊！當菩薩以內心為所緣，心向內作意的時候，直到還沒獲得身輕安與心輕安之前，要如何稱呼這樣的作意呢？』然後佛陀回答說：『慈氏啊！這不是寂止，也就是這不是奢摩他，應當名為隨順奢摩他勝解相應作意。』」07'02"

除了《解深密經》，還有其他的經論嗎？再看看宗大師還引用了《莊嚴經論》。看原文：07'12"

> 《莊嚴經論》亦云：「由習而無作，次於彼身心，

> 獲得妙輕安，名為有作意。」此處作意，即奢摩他，如下所說《聲聞地》文。07'31"

《經莊嚴論》中也說：「透過串習而不作行，接著獲得了強大的身心輕安，便名為具有作意。」大師解釋說，這裡的「作意」就是指奢摩他，與下文所引的《聲聞地》中的說法是一樣的。07'53"

那麼我們再往下看，下面是哪一本論呢？《修次中篇》。08'00"

> 《修次中篇》亦云：「如是修習奢摩他者，若時生起身心輕安，如其所欲心於所緣獲得自在，應知爾時生奢摩他。」此說須具二事，謂於所緣得自在住及發輕安。08'25"

《修次中篇》中也說了：「如此地串習奢摩他，當身心達到了輕安，對於所緣能夠隨心所欲地控制我們的內心的時候，應當了知就是修成了奢摩他了。」這裡提到需要

「對於安住所緣獲得自主」與「輕安」這兩個條件。有注意吧?對。08'56"

好!我們再接著往下看。下面是哪一本?是《修次初篇》。09'05"

> 故《修次初篇》說:「若時於所緣境不用加行,乃至如欲心得運轉,爾時應知是奢摩他圓滿。」意亦已得輕安,《修次中篇》顯了說故。09'27"

在《修次初篇》中也說了:「什麼時候對於所緣不再有作行,內心能趣入直到所想要的時間長度,想安住多久就能安住多久,應當了知這個時候就是奢摩他圓滿了。」大師說這段也是在意指具有輕安,因為在《修次中篇》中有明確地提及獲得輕安才能獲得奢摩他。09'54"

那麼我們總攝一下:宗大師引用了幾本論啊?先引用了什麼?《解深密經》,接著是《經莊嚴論》、《修次中篇》,然後《修次初篇》。這幾部經論作為依據,都在說明同一件事：還沒有獲得輕安之前的第九住心，是不是奢摩他？不是！只是隨順的奢摩他。真實的奢摩他，是必須在獲得了身心輕安之後才能夠成辦的。10'36"

有沒有聽清楚？好，今天就到這裡，謝謝大家！10'45"

講次0121
成就寂止的標準（二）

　　大家好！又到了我們一起學習《廣論》的時間了。我每次都說很高興！你們有沒有發自內心地歡喜？如果沒有的話，要做一下聽聞的前行，像思惟聞法勝利、斷器三過、依六想，一定要有大乘的意樂，這些都是要熟練於內心的。00'35"

　　好！請大家翻開《廣論》381頁倒數第4行，《廣論》校訂本在101頁倒數第2行，請大家和我一起看原文：00'50"

> 又《辨中邊論》說八斷行中之捨，與此第九心同一宗要，但此非足，彼論亦說須輕安故。01'05"

《廣論》段落
奢摩他校訂本：P101-LL2 ～ P102-LL2 又《辨中邊論》……所引故。
福智第三版：P381-LL4 ～ P382-L3 又辨中邊論……所引故。

說:「另外,《辨中邊論》中也提到了八種斷行中的等捨,與此處的第九住心關鍵是相同的。」但是這樣夠不夠呢?大師說:「不可僅僅以此為足,其中也提到了輕安,所以獲得了輕安才能獲得奢摩他。」又說一遍。那麼我們再往下看。看原文:01'36"

《般若波羅蜜多教授論》亦云:「如是菩薩獨處空閒,如所思義而起作意,捨離意言,於心所現多返作意,乃至未生身心輕安,是奢摩他隨順作意。若時生起,爾時即是正奢摩他。」此說極顯。此等一切皆是決擇《深密經》義。02'12"

《般若波羅蜜多教授論》中也極其明確地說道:「菩薩獨自處在僻靜處,作意他所思惟的這個內涵,捨棄了意言,對於內心如此的顯現多次地作意,在還沒有生起身心輕安以前,還是寂止隨順作意;何時生起了身心輕安,那個時候才叫奢摩他。」這一切都是在抉擇《解深密經》的內涵。02'45"

那麼語王尊者在《四家合註》裡邊也有解釋說：在這些段落中所提到的「**作意**」，都是指奢摩他；「**意言**」就是指內心反覆地思惟所緣；其他的心所法，是指心輕安是心所，並且不同於一切平凡有情所共有的心所，是透過修持的力量而新獲得的一種心所。03'17"

在後面宗大師也有引用了《慧度教授論》中說：「應當遠離緣慮種種心相意言，修奢摩他。」引完了之後，大師也解釋什麼是意言，意言就是分別「此是此」──就是「這個是這個」的意思。03'33"

那麼總攝一下，宗大師引用了許多經論來成立什麼？奢摩他必須在獲得身心輕安之後才會獲得，這個標準非常地重要！好！我們再往下看。03'55"

說：「知道什麼是輕安了，就可以了吧？」有人又有問題了，你們有問題嗎？04'03"

| **若爾，未生輕安以前，此三摩地何地攝耶？** 04'10"

有人提出一個問題說:「那麼輕安在還沒有生起以前的這個等持,那是由何地所攝的呢?」我們看宗大師是怎麼回答的。04'23"

答:

看原文! 04'25"

此三摩地欲界地攝;三界九地隨一所攝,而非第一靜慮近分以上定故;以得近分決定須得奢摩他故。於欲地中雖有如此勝三摩地,然仍說是「非等引地」,而不立為「等引地」,其因相者,以非無悔、最勝喜樂、輕安所引故。 04'56"

那個問題是什麼還記得吧?就是:沒有生起輕安以前,那個三摩地是何地所攝呀?然後大師就回答說:「這個等持是由欲界地所攝的,因為是三界九地其中之一所攝,而不是第一靜慮近分定以上的緣故;而這個是因為如果獲得了近分定,就是必須需要獲得奢摩他的緣故。雖然在欲界地當中有這樣的等持，然而僅是什麼？是『非等引地』，而不安立為『等引地』的原因」，就是不安立為奢摩他的原因是什麼？「是因為並非以無悔，還有最殊勝的喜樂與輕安所修成的緣故。」05'48"

這裡邊講到了「**三界九地**」，我稍稍解釋一下，三界九地是三界的一種分類方式。「三界」是什麼？欲界、色界、無色界；「九地」分：欲地、第一靜慮地、第二靜慮地、第三靜慮地、第四靜慮地，還有什麼？空無邊處地、識無邊處地、無所有處地、非想非非想處地或者有頂地。那麼欲地就為欲界所攝；第一靜慮、第二靜慮、第三靜慮地、第四靜慮地就是為色界所攝了；空無邊處地、識無邊處地、無所有處地、非想非非想處地或者稱為有頂地是為無色界所攝。妙音笑大師的《廣論問答錄》中也有說：九地的「地」，就是指三界各自的階段。那麼三界所攝，就一定是九地其中的一地所攝，還沒有獲得輕安的等持，不是第一靜慮近分定以上，又是三界九地其中的一地所攝，所以只能是什麼？欲地所攝。06'56"

那麼這裡邊的「**無悔**」，注意！這裡邊的「無悔」，我在想我們修奢摩他的時候怎麼還會有出現無悔呢？那麼無悔是什麼？善慧摩尼大師就說：此處的無悔，就是指身不疲勞、心無疲厭。在第九住心的時候，還沒有獲得身心堪能的殊勝輕安，那個時候如果修定的時間太長的話，就會導致身體非常地疲勞、內心也很疲厭，這種狀態下能叫無悔嗎？所以它不是無悔。但是獲得了奢摩他，就能夠獲得無悔、最殊勝的喜樂與輕安。07'47"

那麼問大家：還沒有獲得身心輕安的第九住心，這種定是何地所攝？這種三摩地是被三界九地中最下層的欲界所攝的，只是欲界裡邊最細微的心。因為並沒有產生最殊勝的什麼？喜樂及輕安。到沒到達第一靜慮近分定呢？還沒有到達喔！第一靜慮近分定都還沒有到達，更何況是到達了第一靜慮根本定呢？是沒有到的！08'22"

那麼欲地所攝的心，會怎樣嗎？欲地所攝的心會比較粗暴，難以調伏，還有煩惱生起的時間比較長，煩惱的力量也比較強猛，就是比較容易攪煩惱，一攪而且還攪很長；那麼色界地與無色界地與此就相反了。所以雖然欲地中的第九住心，它已經到達了一心不亂，保持一心不亂了，但還是不能稱為「等引地」，也就是不能稱為奢摩他，對不對？因為什麼？因為它沒獲得喜樂、輕安，所以它就是沒有獲得奢摩他。09'11"

有沒有發現？這一講還是在辨析那個界限，就是得到奢摩他與沒得到奢摩他的界限是什麼；而且也定義一下，那已經都一心不亂了，但是還不叫奢摩他，那段叫什麼？它的一段一段法相的定義是非常清晰的。所以我們修行的時候，就對於自己已經走到什麼風光了、遇到什麼境界了，在教典上它的歸屬範圍界限在哪裡是非常清晰的。這樣的話，我們在修定的時候就不會被感覺所役使：啊！我們的感覺非常、非常好，已經一心不亂了，非常、非常專注，能專注這麼久……。但是只要還沒生起喜樂輕安，絕對就不能叫做真正的奢摩他！10'09"

好！今天就講到這裡，謝謝大家！10'14"

講次0122
成就寂止的標準（三）

顯示奢摩他成與未成之界限

大家好！很開心又到了我們一起學習《廣論》的時間了，這一週有沒有對林林總總的境向內調伏呢？在聽法之前要大乘發心。00'34"

好！請大家翻開《廣論》382頁第3行，《廣論》的校訂本是102頁倒數第2行，請大家跟我一起看原文：00'50"

> 如是亦如《本地分》云：「何故唯於此等名『等引地』，非於欲界心一境性？謂此等定，是由無悔、勝喜、輕安、妙樂所引。欲界不爾，非欲界中於法全無審正觀察。」01'15"

《廣論》段落
奢摩他校訂本：P102-LL2～P103-L4 如是亦如……真奢摩他。
福智第三版：P382-L3～P382-L7 如本地分……真奢摩他。

講次0122　成就寂止的標準（三）

　　舉了哪本論？對！是《本地分》。這也是如同《本地分》中所說的：「為什麼唯獨將此命名為『等引地』，對於欲界的一心專注就不能如此命名為『等引地』呢？」回答了，回答說：「這種等持是由於無悔、最殊勝的歡喜、輕安與安樂所修成的，欲界卻不是這樣的。」那麼在欲界中有沒有思惟正法呢？「並非在欲界中沒有思惟正法。」是有思惟正法的。02'00"

　　在《本地分》中這一段文中說：「無悔、最殊勝的歡喜，還有輕安、安樂」這四個條件，在這四個條件中，注意！「無悔」是指不會感到身心疲憊——跟我們那個無悔是不一樣的——無悔是指不會感到身心疲憊；即使獲得了一心專注的第九住心，也因為還沒有獲得什麼？還沒有獲得身心輕安，所以一旦入定的時間很長，會不會感到累呢？還是會感覺到身心疲倦。02'45"

　　我們接著再看原文，有找到行吧？02'53"

▎如是若未獲得輕安，雖三摩地不須相續依止正念，

> 自然能成心無分別，復現似能合糅趨、行、坐、臥一切威儀，應知是名「欲界心一境性」，不可立為真奢摩他。03'15"

這段是在講什麼呢？是說既然如此，如果還沒有獲得輕安的話，即使不持續地依止正念，也會自然地趨入心無分別，而且彷彿還能夠融合於行走、漫步、安坐，還有眠臥等一切的行為當中，應當了知這樣的等持只能稱作——注意——「欲界一心專注」，不可以安立為真正的寂止。03'45"

這裡的「**心無分別**」是指什麼呢？格西拉解釋說，這裡是指「不散亂的心」，也就是專心致志的一種內心的狀態。03'59"

這裡的「**趨、行、坐、臥**」是什麼呢？其實就是四威儀。那麼四威儀它有不同的看法，漢、藏是不一樣的——漢傳佛法以「行、住、坐、臥」為四威儀；藏傳佛法是指「趨、行、坐、臥」。04'15"

那麼，其中的「趨」與「行」的差別是什麼呢？三世貢唐大師在《顯明義釋筆記》有解釋：「趨」是指遠行，「行」是指不去遠方，就是只在自己的住處附近來回步行、散步。04'39"

格西拉也解釋說，這個「趨」有點像有目的的行走，「行」是指有點沒什麼目的地、放鬆地這樣漫步。04'49"

好！大家有沒有發現，沒有得到輕安前的第九住心，即使不需要持續地依靠正念、正知，也能夠長時間地、任運地、無比自由地安住在所緣境上，而且還能怎麼樣？還能夠融入行、住、坐、臥等四威儀中，令我們的心時常保持在專注的狀態下。這是很了得的，要下一番苦功夫才能夠到達的。能夠長時間地保持專注的狀態，那學習一定是很快速的，在這個時代專注力很令人嚮往，但是我們可以透過九住心把它修出來，並且令專注力非常地超勝。05'53"

但這只是專注而已，後面還有更美的。後面更美的是什麼？就是輕安了，在還沒有得到輕安之前，只能稱為「欲界心一境性」，而不是真正的奢摩他。這個時候絕對不能停在欲界的心一境性就感到滿足了。如果心一境性就滿足了的話，就停在這兒了，那要怎麼辦呢？一定要為了徹底地證悟空性而修成奢摩他。06'23"

為什麼要證悟空性呢？如果只有奢摩他的話，大家想一想，連解脫的果位都是無法獲得的，更不用說是無上菩提了。所以我們為了最究竟地利益一切如母有情，一定要去希求一切遍智的果位，那麼修行奢摩他、證悟空性、發菩提心，都是為了無上菩提。記得吧？這就是師父希望我們建立的生命宗旨，也是我們學習佛法的初心。所以不忘初心！長養初心！07'05"

講次0123
成就寂止的標準（四）

　　大家好！很高興又到了我們一起學習《廣論》的時間了。請大家翻開《廣論》382頁第8行，《廣論》校訂本是103頁第5行。準備好了吧？發心準備好了吧？準備好了，和我一起看原文，看《廣論》：00'37"

若爾，云何能得輕安之理？得輕安已，又云何為能成奢摩他理？ 00'49"

　　如果心想：那麼，獲得輕安的方法是什麼呢？獲得了輕安後，成為奢摩他的過程到底是怎樣的？這裡邊它有一個思考：既然成辦奢摩他的關鍵原來是在於獲得輕安，那要如何獲得輕安呢？這是一個好問題。還有：獲得輕安之

《廣論》段落
奢摩他校訂本：P103-L5 ～ P104-L3 若爾，云何……名心堪能。
福智第三版：P382-LL6 ～ P382-LL1 若爾云何……名心堪能。

後，又要如何才能成辦奢摩他呢？就是這樣一個問題。接著宗大師該回答了。01'20"

> **答：應知輕安如《集論》云：「云何輕安？謂止息身心粗重續流故，身心堪能性，除遣一切障礙為業。」** 01'37"

宗大師回答說：應當了知所謂輕安，就如同《集論》中說的：「何謂輕安？是指截斷了身心粗重的續流，因此身心堪能，它具有消除一切障礙的作業。」01'57"

有沒有發現這裡邊出現了「**身心粗重**」，有注意到吧？身心粗重前面有一個什麼？「**止息**」，有看到吧？02'09"

那麼，什麼是「身心粗重」呢？02'14"

大師會給我們講，接著往下看《廣論》。不要走神！看書。02'22"

身心粗重者，謂其身心於修善行，無有堪能隨欲遣使。能對治此身心輕安者，由離身心二種粗重，則遣身心令行善事極有堪能。 02'40"

這裡邊說：「**身心粗重**」，是指要修持善行的時候卻不行了，不能隨心所欲地駕馭自己的身心。那麼能對治它的就是「**身心輕安**」，由於遠離了身心兩種粗重，所以要駕馭身心趣向於善行就變得極其堪能。03'08"

好！我們再聚焦一下「身心粗重」，觀察一下，有沒有發現它的特色？居然是讓我們身體感到疲勞、內心感到倦怠，這直接的苦受會在身心上。注意喔！因為它這個是身心粗重！注意！最不悅意的是我們在行善法的時候，會身體感到疲勞、內心感到倦怠，導致行善難以持之以恆呀！更無法隨心所欲地去做自己想要做的那些善行。這種身心粗重會阻礙我們行善法，問題嚴不嚴重？很嚴重喔！那這麼嚴重的問題可以解決嗎？身心粗重可以被對治嗎？原文說什麼了？《廣論》上說：「**能對治此身心輕安**」，說輕安就是能對治粗重，一旦生起了輕安，就能在行善的時候感到身心非常地自由、非常地輕鬆、非常地自在。04'22"

看來我們應該好好地認識一下身心粗重的禍害，那麼大師又告訴我們什麼了呢？再繼續向下看：04'33"

> 又能障礙樂斷煩惱，煩惱品攝內身粗重，若勤功用斷煩惱時，其身重等不堪能性得遣除已，身獲輕利，名身堪能。04'52"

其中會障礙樂於斷除煩惱，並且屬於染汙方面的身粗重，在勤奮地斷除煩惱的時候，就是你特別用功修行的時候，會感到這個身體非常地沉重等等。那麼遠離了這樣的身不堪能，就能夠使身體靈動和輕盈了，這就是「**身堪能**」。再看：05'23"

> 如是為斷煩惱，所謂能障樂斷煩惱，煩惱品攝內心粗重，由是勤功用時，不堪愛樂運轉注善所緣得遣除已，心於所緣運轉無滯，名心堪能。05'48"

同樣地，會障礙樂於斷除煩惱，這屬於染汙方面的心粗重，為了斷除煩惱而勤奮用功的時候心不高興，它無法欣喜地趣入投注於善所緣這件事。但是遠離了這樣的不堪能，內心就能夠毫無滯礙地趣入於所緣，這個就是「**心堪能**」。06'24"

　　再總結一下，身、心的這個粗重和什麼很像，大家聽起來？對！和煩惱很像，類似。都會對修行造成非常負面的影響，甚至它會中斷我們！當我們有心想要斷除煩惱、樂於斷除煩惱，而且想要精勤地用功斷除煩惱的時候，大家知道這是我們生命裡多麼珍貴的覺醒！可是也都體驗過，努力一段時間之後，身心就受不了，我們就給自己下了一堆定義，比如說：哎呀！自己沒有善根啊、懈怠呀，還有人說心不誠等等；還有人說：越修煩惱好像怎麼越多？今天看到此處，有沒有明白是什麼在作祟？身心粗重。身心粗重就會成為阻礙。07'29"

　　它怎麼樣成為阻礙呢？身心粗重的狀態，使得我們在斷煩惱的過程中，感到身體沉重、內心不喜，不喜什麼？

不喜修善呀！這個禍害不除的話，能證菩提嗎？難證菩提呀！可是，誰出現了？輕安出現了，真是大好的消息啊！透過身心輕安，能讓身體在行善的時候保持輕盈喔！注意這個字！「輕盈」。可以想像自己身體輕盈的時候，行善比如說供佛、拜佛、背上書包來教室裡聽法等等，還有承事父母親啊，很多嘛！身體在行善的時候保持輕盈。心也能長時歡喜地安住於善所緣，心也是堪能的，這樣我們就可以自由自在地修善法。08'32"

有沒有覺得我們被身心粗重控制的心力一朝得到輕安，彷彿離開牢籠的鳥一樣，啊！一飛沖天，而感受到行善時候身心的輕盈和自在！會不會覺得只要想一想，我們就會有一種：有朝一日，我們定將打敗行善法的這個阻礙！痛不痛快？有朝一日得到輕安就打敗它，非常地痛快！因為那個時候我們就可以自由自在地痛擊煩惱、斷除煩惱！斷除煩惱，煩惱的因就不生煩惱的果，就沒有苦果了，所以這是「從樂趣勝樂」的旅程。謝謝！09'25"

講次0124
成就寂止的標準（五）

大家好！很高興到了我們一起學習《廣論》的時間了。還是要再提醒一下發心，記不記得在《廣論》的第20頁中有說過：「**總之應作是念發心，謂我為利一切有情，願當成佛，為成佛故，現見應須修學其因。因須先知，知須聽法，是故應當聽聞正法，思念聞法勝利，發勇悍心，斷器過等而正聽聞。**」這一段我們可以常常地放在心裡想一想，要以一個為利有情願成佛這樣的心來聽法。01'06"

在今天講的《廣論》中，有引到安慧論師所說的話，我們先介紹一下安慧論師。安慧論師是唯識宗的祖師，是誰的弟子？是世親菩薩的四大弟子之一，又名堅慧。有一

《廣論》段落
奢摩他校訂本：P104-L3～P105-L4 如是亦如……身心輕安。
福智第三版：P382-LL1～P383-L7 如安慧論師……身心輕安。

個這樣的傳說：安慧論師他的上一生是一隻鴿子，當時世親菩薩在一間房子裡邊誦經，那隻鴿子非常有善根，經常飛過來聽經。由於那隻鴿子恭敬地聆聽世親菩薩背誦了許多許多的經典，牠死後就轉生了，投生為南方一位商主的兒子。最奇特的是，他在出生的當下就會說話了，他在出生當下就問：「世親菩薩在哪裡？」由於這個因緣，他七歲就到世親菩薩座前學習，很早就遇到善知識、親近善知識了。02'22"

安慧論師他通達五明，特別精通大小乘所有的對法，一切的行持都請示度母。這個有沒有想起阿底峽尊者？他也是一切的行持都請示度母。看看這些祖師的行為，他不自己拿主意，全部都請示度母。在世親菩薩入滅之後，安慧論師就透過多次的辯論戰勝外道，並且對很多很多的經論，特別是對世親菩薩的論典加以註解，成為世親菩薩的弟子中善巧阿毗達磨的論師。03'06"

好！那我們現在就開始今天的《廣論》382頁最後1行，校訂本是104頁第3行。03'18"

記不記得前面講到什麼？前面講到輕安能給予我們極大的自由，我們能像我們想像的那樣去行善，就是身心堪能。那麼什麼是「身心堪能」呢？我們接著學。請大家跟我一起看原文，看安慧論師是怎麼解釋身心堪能的。看書：03'41"

> **如是亦如安慧論師云：「此中身堪能者，謂於身所作事輕利生起。心堪能者，謂令趣正作意之心，能得適悅、輕利之因餘心所法；以若具此，能於所緣無滯運轉，是故名為『心堪能性』。」** 04'08"

安慧論師說：「其中身堪能，就是指能夠產生身軀行動的靈活輕盈。」一種狀態呀！「心堪能，是使處於正確作意的內心能夠舒適而輕盈的因，另外的心所法。如果具足心堪能，就能夠毫無滯礙地趣入所緣，所以名為『心堪能』。」04'41"

你們有沒有發現，安慧論師他說身堪能其實就是身輕安啊！它就能使行者在修善的時候身體非常地輕盈，而且常保輕盈;而心堪能就是心輕安,它能使行者在心緣到善所緣的時候——像我們緣善所緣的時候,一會兒跑了、一會兒跑了,然後很緊,它不是這樣的——促使心緣善所緣的時候感到舒適、輕鬆,它的本質就是屬於心所。大家想一想,這種輕安是不是自己跑來的?不是的,它要經過長時間地學習、修學才能夠生起,所以相較於與一般的善心相應的輕安,它就更為殊勝了。如果能生起這樣的心的話,就能夠任運安住於善所緣,所以又稱為什麼?心堪能。05'42"

總之雖欲功用斷除煩惱,然如拙於事者趣自事業畏怯難轉;若得輕安,如是身心不堪能性皆除遣已,遣使身心極具便利。 05'57"

總而言之,雖然要勤奮地斷除煩惱,卻像一個能力不足的人,可是他卻要執行自己必須完成的一個任務一樣,由於害怕就不敢去了,難以趣入;可是如果獲得了輕安的話,這樣的身心不堪能就全都排除掉了,所以身心將非常容易,甚至是極端容易駕馭的。那麼,再接著看:06'27"

如是身心圓滿堪能，是從初得三摩地時，便有微細少分現起，次漸增長，至於最後而成輕安、心一境性妙奢摩他。又初微故難可覺了，後乃易知。06'45"

這樣的身心圓滿堪能，從最初獲得三摩地的時候，就會生起微細的少部分，其後逐漸增強，直到最終轉為輕安與一心專注的奢摩他。而在最初，它由於什麼？由於微細，因此難以發覺，但是後來就會容易發覺，為什麼？因為它不再微細了。07'12"

好！我們再往下看。07'14"

如《聲聞地》云：「唯於其初發起如是正加行時，起心輕安，若身輕安、身心堪能，微細難覺。」又云：「即前所有心一境性、身心輕安漸更增長，由此因果轉承道理，而能引發粗顯易了心一境性、身心輕安。」07'42"

這一段在說什麼呢？我們可以解釋一下。因為《聲聞地》中說：「唯有在最初發起正確加行的時候，所產生的心輕安或身輕安，以及身心堪能都很微細，難以察覺。」又說：「一心專注以及身心輕安更增強的時候，透過一個接一個因相繼承襲的方式，引發粗顯而易於察覺的一心專注、身心輕安。」08'22"

總之，如果獲得輕安的話，一旦想要斷除煩惱，就能夠除掉一種狀態，什麼狀態？就像自己在面對沒有足夠的能力去解決那個問題的時候，這個時候我們會直接感覺到是那個問題很棘手，而不是我能力不行。這個時候就會不了解自己是身心對於難點感到畏怯的一種心理狀態，這是沒有得到輕安之前容易出現的問題或狀況。但是得到了輕安，除掉了這種狀態之後，我們就得以隨心所欲地掌控身心，不受任何阻礙。09'09"

假如我們要去行個善法的話，身體感到疲勞、心裡也感到累，但是反過來，有的時候行惡法的時候卻很容易，身心放逸也非常簡單，這是什麼毛病呢？就是身心粗重在作祟。但是有了身心輕安，遣除了身心粗重，因為具有身心的堪能性就很容易行善法，非常地有福報了。09'45"

這裡邊有沒有出現一個讓我們眼前一亮的事情——哇！這是什麼？原來修奢摩他也可以解決身體疲勞、內心疲憊呀！09'54"

那之前我們都用些什麼方法？一般都用休息、放鬆，還有旅遊，來解決身心疲憊，對吧？有人還用看電影的方式來舒壓或者放鬆自己。但有沒有發現，得到了輕安之後可以遣除身心的粗重，可以解決身體的疲勞還有內心的疲憊？在我們熟知並廣泛地應用了眾多的方式之後，修奢摩他是不是解決之道？也是解決之道。有沒有發現又多了一個辦法，而且這個辦法，它不會解決完身體疲勞和心理疲憊就算了，我們還可以用修奢摩他得來的這個狀態、用這個方法來了解空性，進而成辦一切善法。非常非常地划算！美不美妙啊？非常美妙！謝謝。11'06"

講次0125
成就寂止的標準（六）

顯示奢摩他成與未成之界限

　　大家好！又到了我們一起學習《廣論》的時間，你們開心嗎？那我們繼續學。準備好自己的發心，記著在聽聞的時候要斷器三過、依六種想，不要走神。請大家翻開《廣論》383頁第7行，校訂本是第105頁第5行。我們來一起看《廣論》，有找到吧？00'50"

> 將發如是眾相圓滿易了輕安所有前相，謂勤修定補特伽羅，於其頂上似有重物，然其重相非不安樂。此生無間，即能遠離障礙樂斷煩惱心粗重性，即先生起能對治彼心輕安性。01'17"

　　這一段在講什麼呢？說條件圓滿並且易於覺察的輕安

《廣論》段落
奢摩他校訂本：P105-L5～P106-L5 將發如是……狀似滿溢。
福智第三版：P383-L7～P384-L1 將發如是……狀似滿溢。

將要生起的前兆,是勤於修定的補特伽羅,他頭頂上會產生一種沉重感,這種沉重感並非是不舒適的沉重。在沉重感生起的當下,就會遠離阻礙樂於斷煩惱的心粗重,而先生起了對治品的心輕安。01'56"

這裡邊「**於其頂上似有重物**」,善慧摩尼大師還有阿嘉雍增都解釋說:此處的「頂上似有重物」,那我們得什麼感覺呀?就有點像剛剃完頭,頭部覺得寒冷,然後就用溫暖的手掌放在頭頂上的安樂的感覺;那是在皮肉之間引生身粗重的風將依次收攝,而在頭頂消失的徵兆。02'30"

這個譬喻有些人能夠知道什麼、有些人不能夠知道什麼,但是在修定的時候你肯定就知道那是什麼,所以不用著急。修定的時候你就會對這個譬喻有心領神會的感覺。02'53"

好!那這一段在講什麼?前兆。02'57"

什麼前兆？身心兩種輕安生起的前兆。03'03"

請問：什麼人會生起這樣的前兆？精勤修定的行者。03'10"

什麼類型輕安的前兆？眾相圓滿又易於覺察的輕安的前兆。03'25"

前兆長什麼樣？就是「頂上似有重物」，對吧！就那個譬喻：像剃光頭，將手掌放在頭頂上，有點重量卻又十分溫暖的感覺，它不會不舒服，很舒適的！03'39"

最後一個問題：輕安的作用是什麼？這種輕安產生之後，就能立刻遠離不想斷除煩惱的心粗重。03'54"

所以身、心兩種輕安當中，請問：最初哪個輕安會先生起來？你們答對了嗎？身、心兩種輕安當中，最初會先生起心輕安。04'14"

如《聲聞地》云:「若於爾時,不久當起粗顯易了心一境性、身心輕安所有前相,於其頂上現似負重,又非損惱之相。此起無間,能障樂斷、諸煩惱品心粗重性皆得除滅,能對治彼心調柔性、心輕安性皆得生起。」04'45"

引用了什麼?《聲聞地》中說:「不久將要生起粗顯而且易於察覺的一心專注,以及身心輕安的前兆,那個是修行者的頭頂將會產生什麼?沉重感,而又不是損惱的相狀。這種狀態生起的當下,阻礙樂於斷除、屬於染汙方面的心粗重就會被斷除了,將會生起其對治品的心堪能與心輕安。」05'34"

次依內心堪能輕安生起力故,有能引發身輕安因——風息流身,此風通遍身分之時,身粗重性皆得遠離;諸能對治身粗重性,身輕安性即能生起。此復舉身充實,而由堪能風力,狀似滿溢。06'07"

其後,依靠著心堪能的這個輕安生起的力量,屬於生起身輕安之因的這個風息就會在體內運行，就是風在體內運行。當這樣的風息貫通身體各處的時候，就會遠離什麼？身粗重。並且生起身粗重的這個對治品，就是身輕安。這會充實全身，而且還感到彷彿被堪能的這個風息的力量充盈，好像全身很有力量又很輕盈。06'50"

這是我們在探索。所以獲得身心輕安到底是一種什麼樣的感受呢？先從前兆談起，說將獲得身心輕安的這個前兆就是什麼？頭頂會有重量的感覺，這種重量的感覺並不會帶來身體的不舒適。這個生起當下，馬上就遠離一切心粗重性。什麼叫心粗重？就是不喜歡行善、喜歡行惡的這個心粗重性就會立即斷除了，由此就獲得什麼？心輕安。07'27"

那非常調柔的心輕安生起之後，接著會引發什麼？身輕安。為什麼呢？因為心一直往內收攝，然後就會引發，注意！引發體內非常調柔的這個氣流，或者叫體內的風。體內非常非常調柔的風，是引發身輕安的因啊！這個非常調柔的風遍滿全身，這個時候就遣除了身的粗重性，就是已經不見了！那麼使我們修行的人在行善法的時候，身體就具有什麼？堪能性。這就叫作什麼？身輕安。08'20"

今天我們消文的就是三大段，還可以吧！今天先上到這裡，謝謝大家！08'32"

講次0126
成就寂止的標準（七）

顯示奢摩他成與未成之界限

　　大家好！很開心又到了我們一起學習《廣論》的時間了。我每次都說很開心，這不是一個一定要重複的套話，而是說要真的生起很開心的心。因為現在是線上的課程，沒有比如說你從家裡或者從你的住處趕往說法的法堂這樣一個過程。如果從住處開始出發，然後一路上——像我在五台山開始聽法的時候，從住處開始有一個很長的下坡路，再走一段上坡路才能到寺院，到了寺院的山門，然後再到法堂還有一段長的路。這麼長的路，全部都可以思惟聞法勝利，做一個相當長時間的前行，等到你自己坐在法堂裡開始準備聽講的時候，其實心已經很專注、很靜了。01'18"

《廣論》段落
奢摩他校訂本：P106-L5～P106-LL1 如《聲聞地》……身輕安』故。」
福智第三版：P384-L1～P384-L4 如聲聞地……身輕安故。」

但是如果比如說電腦一打開,你可能沒有做前行、前行不夠,甚至發心都很敷衍的話,這個久了之後會養成一個不好的習慣。所以我還是期待大家,即使是非常方便地能夠聽到,但還是做一下聽聞的前行。我們聽聞的前行要隨著聞法慢慢地進步,甚至快快地進步,因為這樣你聽一座法,它能斷除的煩惱、產生的勝利就是空前的,就像〈聞法勝利〉所說的。01'56"

好!請大家翻開《廣論》,我們要開始囉!翻開《廣論》384頁第1行,校訂本是在106頁第5行,我們一起來看原文。哪本書?「如《聲聞地》云」,對!02'25"

> 如《聲聞地》云:「由此生故,有能隨順起身輕安,諸風大種來入身中。由此大種於身轉時,能障樂斷、諸煩惱品身粗重性皆得遣除;能對治彼身輕安性,遍滿身中,狀如滿溢。」02'55"

因為《聲聞地》中說:「由於其生起,因此與生起身輕安相符順的大種風息就會在體內運行。」就是風在體內運行。當這種風息運行的時候產生一種狀況,就會遠離了一種東西,這種東西是什麼呢?就是阻礙樂於斷除、屬於染汙方面的身粗重。並且它的對治品身輕安,注意!它的身輕安會充實全身,感到彷彿充盈全身一般。03'33"

「由心輕安引發的身輕安」,生起心輕安後,心會怎麼樣啊?心會變得非常地柔和、易於掌控。易於掌控的意思,大家知道,比如說有的人不想生瞋恨他就控制不了,所以就不是易於掌握,是非常難以掌控的心。但是生起心輕安之後,心就變得非常地柔和、易於掌控,同時會帶動什麼?藉此能使身體中的氣也變得格外地柔順。聽到氣用柔順來形容嗎?像一個絲綢一般非常地柔順,而這個柔順的氣正是引發身輕安的主因。當這股氣遍布全身的時候——就是風息——便能夠排除身體原本不堪修善的這個粗重性,產生了身輕安。這個時候行者也能清楚感受到這股氣均勻地、流暢地流向身體的每個部位,頓時感到:哇!身體前所未有的輕盈和自在。04'58"

在經典中也時常提到「風心同轉」的概念,也就是心的運轉必須借助風——或者稱這個風叫氣也可以，借助這個風或氣的力量。如果舉個譬喻的話，就像一個騎士和他所騎乘的馬，這兩者的關係是非常密切的。馬比喻什麼？就是比喻風息或者氣，那騎士就比喻心、比喻我們的心。05'36"

當心情平靜、波瀾不興的時候，氣會怎樣？就那句話：欸！變得非常柔順；相反地，心情暴躁的時候、脾氣暴躁的時候，這個氣或者風息也會變得異常地粗暴。其實大家可以自己觀察一下自己，瞋心生起的時候、正在發脾氣的時候，自己的呼吸狀態、自己的心跳，會發現呼吸急促、大力，心跳加快，而且那時候你認真地體會頭還有胸悶等等諸多的不舒服，這就是瞋心影響了氣或者風息。那反過來，當我們感到壓力、恐怖，覺得自己快生氣了，刻意去調息的時候，注意！刻意去調息的時候，首先是注意到自己的呼吸，然後再去一點點地調息的時候，隨著呼吸慢慢地變深，情緒會變得平穩，有體會過吧！情緒會變得平穩。所以騎士和馬的關係真的會很親密，而且相互影響。06'54"

我們也了解到一些科學工作者，他們透過實驗證明心念對身體會造成直接的影響，但是到底影響到什麼程度呢？精確地能夠分析出心與氣之間的關聯性還是很困難的。有些人甚至還不了解心情的起伏會影響身體氣的流動，氣又會導致身體的各種症狀——就生病。然後不了解的狀態下，就會把這個生病的根源完全歸咎於器官，或者神經系統、血管的組織上。我們去檢查的時候，透過儀器無法檢查出那個問題，然後可能就會說沒什麼問題，但是這個病人還是很不舒服。這個狀態就是體內的東西可能無法用儀器全部檢測出來，他還是有病因，這個病因當中，可能就包括情緒的不穩定性與這個氣流動的這個問題。08'19"

　　我們連續兩年，全球都在疫情的狀態下艱難地走過去，這個時候如果能懷著慈悲的心，或者一個勇於面對它的很積極的心態，大家想想，那這種心會不會影響我們體內的氣？然後影響我們體內的氣，我們就不會產生由於負面作意，帶動了很暴躁的氣所產生那種症狀。所以心還是那個騎士，它還是可以拉著它的那個坐騎。從這樣的一個角度觀察的話，有人說積極的心態就是一種免疫力，因為它可以讓我們的身體也出現積極發展的這樣一個狀態。09'13"

好！我們接著往下看，看原文：09'22"

此身輕安，謂極悅意內身觸塵，非心所法。如安慧論師云：「歡喜攝持身內妙觸，應當了知是身輕安。契經中說：『意歡喜時身輕安』故。」 09'47"

誰說了？安慧論師，是吧？說其中身輕安是身體內在的一種非常悅意的觸，而不是心所。為什麼？因為安慧論師也曾經說過：「應當了知如果是被歡喜攝持的殊妙身觸，就是身輕安。因為經典中提到：『如果內心歡喜，身體就會輕安。』」有沒有發現，內心的歡喜會帶動身體？所以要常常修歡喜心。歡喜心沒有怎麼辦？要把它修出來。怎麼修呢？想各種辦法。10'33"

「這個身輕安，就是極悅意的內身觸塵，非心所法」,這句話什麼意思?身輕安是身體的一種觸,它不是心法;心輕安才是心所法。10'51"

那我們要不要分析一下身、心輕安的法相?你們會不會想要學習了解一下呢？10'58"

好!我提問題:身、心兩種輕安的差別是什麼？11'07"

身、心兩種輕安的差別在於:「心輕安」是心法,而且是心法中的心所法;「身輕安」則是什麼?色法。是屬於色、聲、香、味、觸中的什麼?觸。所以兩者的本質是相違的,就是一個是心法,一個是什麼法?一個是色法。11'35"

那麼身輕安是色法中的內觸還是外觸呢？11'41"

是內觸喔！11'43"

內觸,並非平常我們用手所去觸及的這個對境,就是它不是外觸,而是身體的內觸。身輕安屬於什麼?悅意境,它不是心所。安慧論師也說:「透過心輕安所引發的體內悅意的觸是身輕安。」12'09"

所以經典上說什麼?「若意歡喜,身則輕安。」我再說一遍:「若意歡喜,身則輕安。」把這句話送給大家。謝謝! 12'27"

講次0127
成就寂止的標準（八）

顯示奢摩他成與未成之界限

　　大家好！很高興又到了我們一起學習《廣論》的時間了。這一段時間有沒有精進努力地修行？如果有的話，那就很歡喜啊！今天我們繼續學習止觀，請大家翻開《廣論》384頁第4行，有沒有看到？《廣論》的校訂本是107頁第1行，有看到嗎？請大家跟我一起看原文：00'52"

> 如是此身輕安最初生時，由風力故，身中現起強烈樂受。由此因緣，心中喜樂覺受轉更勝妙。其後輕安初勢漸趣微細，然非輕安一切永盡，是初粗顯太動其心，彼漸退已，當有輕安輕薄如影，無諸散動與三摩地隨順而起。心踴躍性亦漸退已，心於所緣

《廣論》段落
奢摩他校訂本：P107-L1～P107-L5 如是此身……正奢摩他。
福智第三版：P384-L4～P384-L7 此身輕安……正奢摩他。

> 堅固而住，遠離大喜擾動不寂靜性，是即獲得正奢摩他。01'42"

說：最初如此生起身輕安的時候，它是透過風息的力量，在體內產生強大的樂受，藉此使內心生起極其超勝的喜樂感覺。之後輕安最初生起的力量就會逐漸、逐漸地減弱了，但這並不是輕安消耗殆盡，它不是完全都沒有了，而是這種粗顯的輕安會太過強烈，動搖了內心。因此在它漸漸、漸漸消退後，會生起一種輕安。什麼樣的輕安呢？**「輕薄如影」**。注意這四個字，「輕薄如影」，並且它能與三摩地相符順，它是不那麼動搖，甚至是不動搖的輕安。內心的雀躍歡喜慢慢消退之後，什麼增長了呢？內心的穩固增長，安住於所緣，而且它遠離了強大的歡喜所擾動的、帶來的不寂靜。這個時候怎麼了？就會**「獲得正奢摩他」**。03'15"

那麼我們看一下這裡邊的**「心踴躍性」**。注意！「心踴躍性」是指什麼呢？賽倉大師的《道次第引導筆記》中說就是心輕安的樂。這裡邊的「**粗顯太動其**

心」，格西拉有解釋這個「粗顯」是指什麼？就是指首次得到身輕安的時候，注意！「首次」，會感覺到這個氣，也可以叫氣脈行走的時候太過強烈的這個狀態。由於初修業者過去從來沒有獲得過輕安，所以這種狀態會不會影響到修止？會的。雖然它不算是不順品，但是仍然是需要調整一下的。04'15"

當我們修行者生起了身輕安以後，身體會感覺到非常、非常地安樂。這種身安樂又會幫助生起什麼？心的安樂。這個時候心的安樂是什麼？就是高興啊！心意歡喜的程度，會比還沒獲得身輕安之前更加地超勝，就是更歡喜了。那麼這種強烈的歡喜感會不會一直都那麼強呢？不會，它就會漸漸、漸漸、漸漸減退了。但是會不會退到都沒有歡喜了？不會的。它的輕安也不會完全消失，而是沒有像剛開始剛獲得的時候那般地強烈。當這種強烈的歡喜在慢慢、慢慢減退的時候，同時內心的止住的力量便會增加。之後內心會有一種前所未有的安穩，止住的力量會非常地強大，這個時候就獲得了什麼？奢摩他！05'35"

在學到這一段的時候，有的時候想探索一下這個樂、這個歡喜到底是怎樣的一種歡喜？或者說它屬於什麼？像經論中把「受」分成了幾個？樂受、苦受，還有什麼？捨受，三種。以更仔細的方式來分類的話，其中的「樂受」又可以再分為安樂及歡喜兩種。那麼這兩種有什麼差別呢？「安樂」是指與根識相應的樂，也就是身體上的一種快樂、生理上的一種快樂；而「歡喜」是指與意識相應的樂，也就是完全是心上的一種快樂。06'26"

其實平常我們也經常使用包含著「安」和「喜」這兩個字來描述身心的快樂，比如說：當我們遠行，跟家人報平安的時候就會說：「啊！我已經平安到達了。」或者我跟上師說：「我已經到了，安全到了目的地。」這個時候是強調什麼？就是我們是很安全的。可是當我們內心感到非常非常高興的時候，就會用一種喜悅、歡喜這樣的形容詞來形容。07'00"

所以最初在獲得心輕安的喜樂的時候，內心會湧出一股強大的歡喜。這個強大的歡喜，大家也可以知道：看有的人遇到喜事的時候，會高興得跳起來，那身體會跳起來！我們打坐的時候是端坐著，但是由於修止的原因，內心湧現出強大的歡喜的時候，導致內心也開始產生什麼？開始動搖。接著，歡喜慢慢逐漸減弱，輕安有沒有消失？輕安沒有消失，而是歡喜感不像一開始那麼明顯、那麼強烈。當歡喜感慢慢漸弱的時候，內心又再度地恢復平靜，同時怎麼了？同時有沒有輕安？有輕安的。同時專注力會不會更強？是比以往更專注在所緣境上，遠離了之前由於強大的歡喜所造成的不寂靜相。這個時候是什麼狀態？就是獲得了正奢摩他！08'11"

身心輕安這種樂到底是什麼樂？身輕安的樂有沒有可能是根識相應的樂受？會不會是樂受的心所呢？08'26"

賽倉大師的《道次第引導筆記》中說：「身心那兩種樂，只能安立為兩種輕安增盛的特徵。」08'38"

在賽倉大師的《色無色辨析》中說，身輕安的樂是「樂」，但不是樂受，也不是心識，而是什麼呢？是色法。如果身輕安的樂是樂受的話，就是一種受心所；如果是樂受心所的話，要麼是根識的樂受，要麼是意識的樂受。那如果是根識的樂受的話，第一靜慮未至定——就是未到地定——這個身輕安的樂，就應當是第一靜慮未到地定中的樂受心所；但《廣論》中說，第一靜慮未到地定不會與樂受相應。09'24"

如果身輕安的樂是根識的樂受的話，就是身受，注意！就是身受！那麼在現證無我的無間道行者的心續中，既然有身輕安的樂，就應當有身受。但是在安住於現證無我的根本定的行者的心中，是不會有根識或身受現行的，只會有什麼？只會有現證空性的根本定現行，除此之外是不會有其他心識現行的。09'54"

要不要聽一下另一個角度？09'57"

另一個角度：從第一靜慮未到地定到有頂定之間的奢摩他，都被身心輕安的樂所攝持，但是第三靜慮以上就沒有該地所攝的樂受了，例如就沒有第三靜慮、第四靜慮所攝的這個樂受，更不會有無色界所攝的樂受。所以如果身心輕安的樂是一種樂受的話，就會變成第三靜慮以上的奢摩他都不會被身心輕安所攝持了。有沒有聽清？ 10'30"

所以以上這些角度，都是成立身心輕安的樂，不是一種樂受的心所。 10'39"

我們前面學過，大師在《廣論》中引據了安慧論師的解釋，《廣論》中說：「**此身輕安，謂極悅意內身觸塵，非心所法。如安慧論師云：『歡喜攝持身內妙觸，應當了知是身輕安。契經中說：『意歡喜時身輕安』故。**」還記得吧？這裡邊說身輕安是一種觸，是一種色法，並不是心所法，它不是心識。 11'14"

賈曹傑大師在《集論釋》中也說過：「令身心堪能的心所，稱為身心輕安，並非真實的身心。」從這段解釋，可以看出令身堪能的心所是身輕安，令心堪能的心所是心輕安。 11'37"

從字面上來看，《廣論》與《集論釋》的說法是略有不同的，《廣論》說身輕安是觸，是色法；《集論釋》說身輕安是心所，是心識。所以你們要看的話，後代祖師就出現了不同的解釋。11'55"

　　這是在解釋什麼？那個「樂」是屬於什麼。但是現在學到此處，我們的注意力會放在：生起心輕安、身輕安，強烈的樂受慢慢地退去、慢慢地減弱之後，也不是完全消失，然後強大的止住力就生起了，這個時候就是獲得正奢摩他。這件事對我們比較重要，對不對？好！今天就講到這裡，別忘了迴向。12'31"

講次0128
成就寂止的標準（九）

顯示奢摩他成與未成之界限

　　大家好！有沒有開心又到了我們一起學習《廣論》的時間了？打起精神喔！因為時間很快。請大家翻開《廣論》384頁第7行，校訂本是107頁第5行。注意喔！開始看書了，請大家跟我一起看原文：00'39"

> 《聲聞地》云：「彼初起時，令心踴躍、令心悅豫、歡喜俱行；令心喜樂、所緣境界於心中現。從此已後，彼初所起輕安勢力漸漸舒緩，身具輕安猶如光影。心踴躍性亦當捨卻，由奢摩他令心堅固，以極靜相轉趣所緣。」01'17"

　　舉了哪部論？《聲聞地》中說，說什麼呢？「輕安最

《廣論》段落
奢摩他校訂本：P107-L5 ～ P108-L2《聲聞地》云……下作意故。
福智第三版：P384-L7 ～ P384-LL3 聲聞地云……下作意故。

初生起的時候,內心具足歡喜」,這裡邊的歡喜前面有兩個字——「具足」歡喜。我們常常都覺得樂少苦多,但是「輕安最初生起的時候,內心就具足歡喜、內心具足極度舒適、內心具足最為歡喜,而且所緣與歡喜會一起顯現。」不是有所緣沒有歡喜、有歡喜沒有所緣,是所緣與歡喜也會一起顯現。「其後最初生起的輕安力量逐漸轉為極其微細,身體會具足如輕影般的輕安。然後內心的歡喜也將捨卻,會由於奢摩他而使內心極為堅固,並且以極為寂靜的行相趣入所緣。」02'28"

我們看一下這裡邊的:「**彼初起時,令心踴躍、令心悅豫、歡喜俱行;令心喜樂、所緣境界於心中現。**」格西拉解釋這段說:這句話可以解釋為「彼初起時,具踴躍心、具悅豫心、具歡喜心可得,亦見具足喜樂」,意思是說最初生起身輕安的時候,身輕安就會存在於具足歡喜的內心、具足極度舒適的內心、具足最為歡喜的內心當中,而且也會什麼?顯現歡喜。03'10"

那麼「**身具輕安猶如光影**」,這裡邊用影子來比喻什麼呢?比喻身體還是比喻什麼?比喻輕安。格西拉解釋說:此處的比喻並不是說得到了輕安之後,輕安便如影隨形一樣隨著我們,不是這樣的,而是如前文所說的輕安什麼?「**輕安輕薄如影**」。比喻什麼呢?就比喻獲得輕安之後,身心的一種極度輕鬆安適的狀態。說:那是什麼狀態呢?聽別人說是這樣的,聽經典說是這樣的,但是到底是什麼狀態呢?得到奢摩他的時候去體會一下,看是不是像經典講的這樣。04'00"

好!我們再往下看,請跟我一起看原文。注意啊!注意! 04'08"

> **如是生已,得奢摩他,或如論云:「名有作意」,始得墮在「有作意」數。以得第一靜慮近分所攝正奢摩他,乃得等引地最下作意故。** 04'26"

這段是在講什麼呢?是說出現如此的相狀之後,就獲得了奢摩他。或者如同提到:「名為具有作意」,已列入名為「獲得作意」的這個行列。因為獲得第一靜慮近分定所含攝的奢摩他，所以就獲得了最低的等引地作意。04'59"

很顯然這一部分的內容，宗大師是依據哪一部論？《聲聞地》所說。那麼《聲聞地》中提到：如果你生起了奢摩他的話，就是獲得了什麼？獲得了作意以及第一靜慮近分定所攝的奢摩他，就等同獲得了等引地的最下作意。05'22"

我們看看語王尊者在《四家合註》裡邊有解釋：獲得寂止的標準，總體而言，最初獲得等持也會生起些微的輕安，但是由於細微而難以發覺；最終大幅度地增強以至於相當顯著的時候，其實就修成了寂止了。05'50"

我們可以再看一看其他的善知識怎麼說的。像善慧摩尼大師就說：在第二住心的時候，其實就會獲得了細微的堪能住心，但是容不容易覺察呢？難以覺察。那麼容易察覺的粗分的輕安是在第幾住心出現的呢？容易察覺的粗分輕安是在第九住心那個時候才會出現。06'24"

所以首先是生起了心輕安,然後以此作為因緣而生起了身輕安。在身輕安生起的當下,我們的身體體內也會產生強大的安樂的感覺,這就是身輕安的安樂;然後藉此而在心中生起安樂的感覺,這就是心輕安的一種安樂。所以在這兩種輕安當中,首先先生起什麼?答一下?心輕安,對吧?那麼在這兩種安樂當中,先生起身輕安的安樂,如此生起身輕安的當下,這樣的喜樂會導致內心散動而產生強大的雀躍歡喜。請問這個時候這麼強大的歡喜的話,你有沒有獲得寂止啊?有答對嗎?對!沒有獲得寂止,這個時候還沒有獲得寂止。為什麼?太高興了,心會動搖。那之後呢?之後那種欣喜若狂的狀態稍微在減弱了,歡喜慢慢地減弱,但是不是輕安都消失沒有了?不是的,輕安沒有消盡。08'00"

這個輕安沒有消盡的一個狀態,如果我們去類比一下,就比如有人說:「啊!我背書背多少了。」當你把一部書徹底地背完之後,特別特別高興,然後你跟一個人說:「啊!我背完了。」那個同學聽了也會非常地為你高興。但是當背到下一部書的時候,這個高興的心情就會有點變弱了，因為注意力轉到下一部書了，對不對？下一部論。08'29"

還有我們聽到一個好消息的時候，剛聽到的時候很開心，然後過一會兒的時候，移動到下一件事，這個歡喜心就有點變弱，會不會這樣？當下的歡喜會讓內心散動。雖然我們這個事情都是很真實的，但是稍微過了一個片刻之後，這種內心的散動就會慢慢減弱——它那個搖動性會減弱。當我們獲得了「與內心舒適地安住所緣的等持相符順的這個不動搖的輕安」的時候，這個時候什麼？就修成了寂止了。有沒有發現，我們期待的那種極度歡喜的狀態不能得到寂止，得是這極度歡喜的狀態稍稍減弱，那種強烈的、穩固的內心出現的時候，才修成了寂止。09'31"

好！今天就上到這裡，謝謝大家！09'37"

講次0129
成就寂止的標準（十）

　　大家好！很開心又到了我們一起學習《廣論》的時間了。你們會不會覺得我每次講：「我很開心到了一起學習《廣論》的時間」，都是在重複？我是表達我內心真實的感受，很開心的！你們有沒有開心呢？如果聽法前的狀態沒有很開心或者很希求，大家知不知道怎麼調整？00'54"

　　我問大家一個問題：在聞法勝利裡邊有一個跟止觀樂相符順的想，叫什麼想？是叫「無罪想」嗎？說：「**能得彼二之因，止觀樂故**」，所以「**作無罪想**」。當我們有的時候過分地陷入平常生活的一些是是非非之中，對於聽法會現不起好樂心的時候，要拿出五分鐘或者三分鐘的時間，思惟一下聞法勝利。01'32"

《廣論》段落
奢摩他校訂本：P108-L3～P108-L6 如是亦如……地之異名。
福智第三版：P384-LL3～P384-LL1 如聲聞地……地之異名。

你們還能想起來聞法勝利怎麼思惟嗎？以幾想？「**以五想聽聞正法**」，對吧？是在《廣論》的多少頁呢？你們能找到嗎？16頁。第幾行？第3行。那麼《廣論》原文怎麼說呢？還記得吧？說：「復次應如《菩薩地》說，須以五想聽聞正法：謂佛出世極罕難遇，其法亦然，由稀貴故」，作什麼想？「**作珍寶想**」。「時時增長俱生慧故」，作什麼想？「**作眼目想**」。「由其所授智慧眼目，能見如所有性及盡所有性」，作什麼想？「**作光明想**」。「於究竟時能與涅槃、菩提果故」，作什麼想？「**作大勝利想**」。「現在亦能得彼二之因——止觀樂故」，作什麼想？「**作無罪想**」。說：「作是思惟，即是思惟聽聞勝利。」注意！它是思惟。02'46"

解釋一下這一段。就是像《菩薩地》中所說的，要懷著五想來聽聞正法，大家可以觀察一下自己有沒有懷著五想呢？甚至一想都沒有，還是有幾想呢？第一個是，想要聽法的時候就想到佛恩還有佛出世，極其稀有，那麼佛說的法也是極其稀有的；由於稀貴的緣故，生起了如珍寶想。這個珍寶大家可以想想，就是你自己有一個稀世的珍寶，你多麼珍惜這樣的一個機會。03'32"

第二想就是，它能夠時時增長俱生慧，就是已有的智慧由於聽法的緣故，它一直在增長、一直在增長；所生起的這個智慧如眼目一樣，像眼睛一樣能辨取捨。有了眼睛就知道避開危險處，走在安全喜樂的地方，所以這個慧力是告訴我們正確的取捨，而好好地持戒。04'02"

第三個，藉由所獲得的慧眼，能夠照見如所有性及盡所有性，所以生起如光明想。如所有性是什麼？是空性。盡所有性是什麼？就是除了空性之外的非空性的法。那麼我們能照見如所有性及盡所有性，就代表能獲得什麼樣的智慧？一切遍智，照見一切法。04'30"

第四個，當我們做什麼事情的時候都會考慮一下，做這件事情對我自己、家人、朋友，或者我所關心的一切眾生有什麼樣的一個目標，或者有什麼樣的一個福利。那麼聞法，第四點——最終能夠帶來涅槃的解脫境界，以及一切遍智的大菩提果位，因而生起大勝利想。注意哦！這個勝利前面有個「大」勝利想，這個勝利有多麼地大呢？痛苦畢竟地遠離、快樂畢竟地圓滿，那就是遍智的大菩提果位。由聽法將來會成那樣。05'17"

最終的目標是那樣，我的生命由於聞法的原因，會得到那樣的勝利、那麼大的勝利！那麼現在呢？就是第五個，從現在起也能夠獲得這兩者的因——止觀的妙樂。那止觀的妙樂，一開始學到聽聞軌理的時候，大家可能都想像不出來止觀的妙樂是什麼樣。我們這兩天都在想：得到奢摩他會有多快樂！所以現在起也能得到獲得這兩者的因，就是止觀的妙樂，因此生起什麼？無罪想。05'54"

注意！這樣去思惟的話，就是思惟聽聞的勝利。那麼思惟完聽聞勝利之後，內心會轉變嗎？要思惟到能轉變，轉變成非常地希求、非常地歡喜，很珍視這樣的機會。所以每次我說「很開心」這三個字，或者「很歡喜」，就是希望大家能夠思惟聞法勝利，真的把內心轉化為非常地歡喜渴求，甚至以大乘的這個意樂來攝持。06'32"

好!接下來我們就繼續學習奢摩他了。請大家翻開《廣論》384頁倒數第3行,《廣論》校訂本是108頁第3行。請大家跟我一起看原文:06'54"

> 如是亦如《聲聞地》云:「從是已後,其初發業修瑜伽師名有作意,始得墮在『有作意』數。何以故?由此最初獲得色界等引地少作意故。由此因緣,名『有作意』。」言等引地者,是上二界地之異名。07'25"

這一段是在講什麼呢?就是像《聲聞地》中說的:「其後初業行者的瑜伽師便是具有作意,進入了名為『具有作意』的這個行列。為什麼是這樣呢?因為由此初步獲得了色界等引地下等作意,所以名為『具有作意』。」大師還特別解釋:所謂的「等引地」就是指上二界地的別名。「等引地」就是指三界當中的上二界,哪二界?色界與無色界。08'14"

語王大師在《四家合註》裡邊也引了上師的說法,說上師有開示:「所謂的『還沒有獲得輕安之前,不會生起寂止,從獲得輕安之後,才安立為獲得寂止。』」這是什麼?寂止的標準。「關於勝觀的標準,也是指『在寂止的狀態下,能夠引發以觀擇的力量所引發的輕安,是從這個界限而安立獲得勝觀』。所以這也意味著獲得輕安之後,就會遠離兩種粗重——身、心粗重。」對吧!身心粗重是什麼?就是「無法隨心所欲地駕馭的那個部分,而迎來了與先前安住所緣的方式徹底不同的住分,是由於這部分而安立的。比起透過等引的力量所引發的輕安更加超勝的身心的堪能,以及安住時內心對於所緣的住分,與放開時的心力,都是從獲得了以觀擇力量所引發的輕安所生起,就是由這一部分而安立的。」09'40"

那麼回過頭來再講一下。所獲得的這個妙三摩地叫做什麼?「第一靜慮近分定所攝的正奢摩他」。第一靜慮近分定含攝在色界與無色界的靜慮中,是什麼?是上二界的禪定中最基礎的,也就是最下的禪定。「定地」和「等引地」是同義的,也就是指色界與什麼?無色界。這時候雖然獲得了奢摩他,也獲得了前所未有的什麼?安樂。就是沒有經歷過的——一個沒修定者沒有經歷過的；就是修定了，沒修到這兒也沒經歷過的。所以他獲得了前所未有的安樂之後，比欲界心超勝很多、很多！但是如果以三界九地的禪定來看，這有沒有達到色界四種靜慮的根本定呢？還沒有達到色界四種靜慮的根本定，以及無色界四種禪定的根本定。都沒有達到，只是被色界第一靜慮所攝的前行而已呀！再說一遍，只是被色界第一靜慮所攝的前行而已。11'07"

開始我們是很開心的，對不對？但是會不會有點小驕傲呢？那如果我們明白了這一點的話，就不會因為得到了正奢摩他，也就是獲得了第一靜慮未至定而生起驕慢心，因為後面還有好多、好多要修的。11'29"

但是能達到正奢摩他也是我們拚搏達到一個高度，希望我們要從現在開始發心，慢慢地去能夠修成這樣的寂止，然後用這樣的寂止去證空性、去成就無上菩提。謝謝大家！11'54"

廣論止觀初探

有作意相及斷疑

講次0130
獲得寂止的象徵（一）

　　大家好！很高興又到了我們一起學習《廣論》的時間了。今天我們會繼續學習《廣論》385頁第1行。有注意聽吧？校訂本是108頁倒數第4行。好！請大家跟我一起看原文：「第二中」，有看到吧？「第二中」。00'43"

> 第二中，有作意相者：言「已得作意」所具自他所能明了相、狀者，謂由獲得如是作意，則得少分色地攝心、身心輕安、心一境性四者；有力能修粗靜相道或諦相道，淨治煩惱；內等引時，身心輕安疾疾生起；貪欲等五蓋多不現行；出等引時，亦有少分身心輕安。01'27"

《廣論》段落
奢摩他校訂本：P108-LL4 ～ P109-L5 第二中……諸蓋現行。」
福智第三版：P385-L1 ～ P385-L7 第二分二……諸蓋現行。」

我們解釋這一段：第二科當中，具有作意的象徵：提到「獲得作意」所具有的，令自他能了知的象徵和相狀是什麼呢？就是指透過獲得如此的作意，會獲得下品的色界地所含攝的心——注意！會獲得下品的色界地所含攝的心，以及身輕安，與心輕安，還有一心專注四者；將會具足以具有粗靜行相或具有諦實行相的道淨化煩惱的能力；向內等引時，會迅疾生起身心的輕安；貪欲等五種蓋障在大多數情況下不會再現行。善慧摩尼大師的著作中，在這裡邊有加一個說：「現起一切情器世間融入自身的體驗」，這種體驗看起來是很不可思議的；出等引的時候，仍然會具有少許的身心輕安。02'58"

接著我們就談到「**貪欲等五蓋**」，這裡邊有提到「貪欲五蓋」對吧？哪五蓋？貪欲蓋、瞋恚蓋、昏眠蓋、掉悔蓋、疑蓋——懷疑的疑。請問五蓋存在於三界裡的哪一個界？還是你們認為三界都有五蓋？五蓋只存在於欲界，不存在於色界或無色界。那麼蓋障是指什麼呢？就是指障蔽靜慮等至，這叫蓋障。03'38"

五蓋當中，貪欲蓋、瞋恚蓋都是單獨一種煩惱就稱為蓋了。但是昏沉與睡眠二者，它之所以合起來算為一種蓋，是因為這兩者的食物——就是它的來源，這兩者的食物、對治，還有作用，這三者是相同的。那分析一下，這兩者的食物是什麼呢？就是什麼行為會導致這兩個蓋呢？比如說心性不定，還有不樂——就是不歡喜，哈欠，飲食過量——吃得太多了，內心退弱——就是比較不積極，對吧？04'32"

　　「心性不定」，可能是情緒起伏太大，是不是？處在不穩定的狀態。格西拉解釋這個「心性不定」，就是內心平時處在不穩定的一個狀態，情緒很波動，是吧？「不樂」，就是不喜。像「飲食過量」這個問題，為什麼會過量呢？自己就考慮一下，因為它會導致兩種蓋。有的人不高興了就是喜歡用吃來讓自己的心情好一點，還有的人可能是受什麼打擊，或者怎麼樣了，也選擇吃，就會吃多。這個會導致一種結果：心性不定、不樂、哈欠、飲食過量、內心退弱這五個能滋養，注意！能夠滋養昏沉與睡眠，所以它就是昏沉和睡眠的什麼？食物。就是昏沉、睡眠的食物。05'39"

其中的「心性不定」,我剛才說了,就是內心平時處在不穩定的狀態。那我問大家,昏沉與睡眠二者的對治是什麼?能不能想出來?光明想。光明想是昏沉與睡眠二者的對治。令心退弱,是昏沉與睡眠二者的作用;就是長處在昏沉與睡眠的狀態心力就不猛,所以它就令心退弱。那麼由於昏沉與睡眠二者的這個食物,還有對治——光明,對吧?它的作用就是心性退弱。這個三者都是一樣的,所以就把昏沉和睡眠合在一塊成為一種蓋,它們都是一夥的。06'25"

掉舉、後悔二者之所以也合算為一種蓋,也是因為它們的食物、對治、作用三者是相同的。比如說「思慮親友」,就是想親人了;「思慮國土」,像很遠的時候就會想家鄉;「思慮不死」,就是不想接受死亡;還有「回憶過去的種種戲笑、歡娛還有承奉等等」這樣的事情,這四個能夠滋養掉舉與後悔,所以是掉舉、後悔二者的食物。那請問掉舉與後悔,兩者的對治是什麼?居然是奢摩他!

奢摩他是掉舉與後悔二者的對治。那麼掉舉與後悔的這個作用是什麼呢？它就令心不寂靜。這要看看想那些事情：思慮親人、思慮國土、思慮過去種種高興的事情，就心裡不寂靜。由於掉舉與後悔的食物、對治、作用三者相同的，所以又把掉舉與後悔兩個合為一個蓋了。07'55"

「有作意之相」這到底在說什麼？就是指生起了奢摩他之後會呈現出來的相狀。呈現出來相狀能做什麼？就是透過這些相狀你就能明白了，明白什麼？明白自己或者別人到底有沒有獲得真實的奢摩他呀？就可以判斷了！就像看到比如說山腰上有煙，你就可以推測當地有火、那山腰上的人家他們在煮飯。所以這是一種能夠做出判斷的相狀。08'47"

《聲聞地》說：獲得了奢摩他，等同得到下品的色界地所含攝的什麼？心、身心輕安、一心專注四者——那個身、心輕安，一心專注，加起來四者。藉此能夠修學什麼？粗靜相道，暫時調伏現行煩惱。暫時調伏現行煩惱是什麼意思？煩惱不現行嘛！對不對？調伏了！或者修持四諦十六行相，連根斷除一切煩惱。如果將心向內收攝，就能迅速地生起身心輕安；貪欲明顯地減弱，睡眠時間少。然後如果出定會怎麼樣呢？身心依然能夠保持舒適的輕安狀態，比如很輕盈、很自在。那一定是我們很多人所嚮往的一個生命的狀態，沒想到透過修奢摩他就可以變成這樣了！是不是值得嚮往、值得期待、值得實踐？ 09'59"

好！我們再往下看。看書，「如是亦如《聲聞地》云」，有看到吧？ 10'09"

如是亦如《聲聞地》云：「得此作意初修業者有是相狀，謂已得色界少分定心，已得少分身心輕安、心一境性，有力有能善修淨惑所緣加行，其心相續滋潤而轉，為奢摩他之所攝護。」 10'36"

又是《聲聞地》，對吧？這也如《聲聞地》中所說的：「具有初修業作意的象徵如下，就列舉：由此獲得了下品的色界之心、獲得了下品的身輕安、心輕安，與一心專注；具有條件並且有能力修行什麼？淨惑所緣；內心相續轉為柔軟，被奢摩他所攝護。」就是被守護一樣。這裡邊的「滋潤」，是玄奘大師根據梵文譯的，藏文直譯就是「調柔」。11'25"

好！那接著，看書。11'31"

又云：「於內正住而坐，投注心時，身心輕安疾疾生起，不極為諸身粗重性之所逼惱，不極數起諸蓋現行。」11'45"

這一段又是在講什麼呢？《聲聞地》又說了：「當向內正確地安住而端坐，內心投注的時候，將會迅速地形成身心輕安，不會被種種身粗重極度地損害，蓋障在大多數的情況下都不會現行。」12'15"

看一看得到奢摩他之後我們身心的狀況，應該有心的人都想要這樣生活吧？都想要這樣度諸晝夜吧？所以我們常常期待一種生命的理想，有的時候把這種理想的重擔都要求別人，比如說：你怎麼做我就會幸福、你怎麼做我就會身心安樂;實際上你有沒有看到,我們用自心的能力、用種種條件,聽法之後去修學奢摩他,生命就達到了這種高度?種種身粗重極度的損害都已經遠離了,種種蓋在大多數情況下都不會現行,甚至出定之後還有輕安相隨。幸福吧?很喜樂!是修奢摩他得到的,透過有力地訓練我們這顆心,可以達到的生命的高度。希望我們一起努力,謝謝大家! 13'20"

講次0131
獲得寂止的象徵（二）

大家好！很高興又到了我們一起學習《廣論》的時間了。如果我請大家把《廣論》翻到 20 頁，你們知道看哪一段嗎？對！聽聞軌理。20 頁的聽聞軌理中說：「**總之應作是念發心：謂我為利一切有情，願當成佛。為成佛故，現見應須修學其因，因須先知，知須聽法，是故應當聽聞正法。思念聞法勝利，發勇悍心，斷器過等而正聽聞。**」總之，應該這樣思惟而發心：「我為了利益一切有情，要獲得佛果。看到要成就佛果，必須修學成佛的因；要修學的話，就一定要先了知那個成佛的因。要了知」，怎麼辦呢？「就必須聞法，所以我應該聽聞正法。」並且憶念聽聞的勝利，發勇悍心，斷除器過等而聽聞正法。所以每天聽法之前，如果覺得自己的心非常地雜

《廣論》段落
奢摩他校訂本：P109-L5～P110-L6 又云：「雖從⋯⋯仍如前說。
福智第三版：P385-L7～P386-L1 又云：「雖從⋯⋯仍如前說。

亂，可以思惟一下這一段，尤其是思惟聞法勝利。01'49"

好！我們調整好自己的動機，接下來我們要開始學奢摩他了。請大家翻開《廣論》385頁第7行，《廣論》校訂本在第109頁第5行。有找到吧？請大家和我一起看原文：02'10"

又云：「雖從定起，出外經行，亦有些許身心輕安。如是等類，當知是名有作意者清淨相、狀。」 02'25"

解釋一下。《聲聞地》中又說了：「當出定在經行的時候，也會具有部分的身心輕安。與上述的這些相符順，應當了知這就是具有作意的清淨象徵與相狀。」02'44"

那麼接下來看下一段：02'50"

由得具足如是相狀作意，奢摩他道極易清淨，謂由等引心一境性奢摩他之後，速能引起身心輕安，故

> 令輕安轉增；如彼輕安增長之量，便增爾許心一境性妙奢摩他，互相輾轉能增長故。03'14"

當我們獲得了具足這些相狀的作意之後，奢摩他道就怎麼了？就極為容易地達到清淨了。因為等引於一心專注的奢摩他之後，就能迅速地引發什麼？引發身心輕安，因此輕安就會增長。那麼隨著輕安增長的程度，同時什麼還會增長呢？也會同等地增長一心專注的這個奢摩他，所以它們是互相地輾轉增長。03'49"

善慧摩尼大師在他的文集裡邊有提到，有作意者的清淨相狀有比如說：「不作意十種相狀、煩惱變微弱，還有睡眠與三摩地相雜、夢見殊勝的夢境」，夢境都有變化喔！還有「在清晰體驗中能分出極微塵、特別清晰、如看到山的背面等等。」就是會產生一些強大的變化。還有一位善知識曾經說過：心續調柔、不會被身心粗重所傷害、出定之後為輕安所攝持、不現十種相狀、不起身等顯現、現起心——注意——現起心與虛空無分別的體驗，在後得的時候煩惱力量也微劣，不能延續。上面的相狀很顯然是很殊勝的。04'49"

那麼獲得了具足上述的相狀的作意之後，想要再進一步地提升奢摩他的力量，容不容易呢？容易了！就會輕而易舉，為什麼呢？因為內心已經完全地安住於所緣境，生起了一心專注的奢摩他，藉此便能快速地引發身心輕安，使它能夠增長；當輕安的力量不斷地增強、不斷地增強，透過輕安所生的奢摩他也會有顯著的一個進展，所以這兩者彼此輾轉增上。很美吧！那再往下看，看書：05'36"

> 如是亦如《聲聞地》云：「如如增長身心輕安，如是如是於所緣境心一境性轉得增長；如如增長心一境性，如是如是轉復增長身心輕安。心一境性及以輕安，如是二法輾轉相依，輾轉相屬。」06'02"

這裡邊有很多「如如」、「如是如是」，哪部論裡說的？還是《聲聞地》中說。說：「隨著身心輕安的增長，就會同等地增長一心專注於所緣；而隨著一心專注的增長，也會同等地增長身心輕安。」「一心專注與輕安這兩

講次0131 | 獲得寂止的象徵(二)

種法」,有八個字,對吧!「**輾轉相依,輾轉相屬**」,它們互相依靠著對方、互相觀待著對方,就是你長、我長、你長、我長……,非常地殊勝! 06'43"

好!我們再往下看,看原文:06'46"

總之,若心得堪能時,風、心同轉,故風亦堪能,爾時其身便起微妙殊勝輕安。此若生起,心上便生勝三摩地;復由此故,其風成辦殊勝堪能,故能引發身心輕安,仍如前說。 07'11"

說:「總而言之,當內心堪能的時候」——「堪能」是什麼意思還記得吧?就是能夠隨心所欲地發揮作用,當我們的內心能隨心所欲地發揮作用的時候,想讓它做什麼,它就能夠做什麼,這個時候就是內心獲得堪能。注意!說:由於「**風、心同轉**」,風息與內心是一致地運轉,「因此風息也會堪能,那個時候就會產生超勝的身輕安。產生這種身輕安的時候,會在心中生起殊勝的三摩地;由此又會形成殊勝的風息堪能,因而引發身心輕安,就像前文說的那樣。」08'03"

也有的善知識說：「由於顛倒的」——就是討論這個風啊！這個風如果不順，「如果顛倒的風進入心脈的話，心就顛倒了」，心顛倒了人會怎麼樣呢？「人看起來就像發瘋了一樣，呈現出瘋癲的相狀。」然後再譬喻一下：「就比如說像騎野馬的人，馬走向了反方向，然後騎馬的人也就去了反方向。所以在修定的時候，如果把身體置於扼要，讓風的流動得到了什麼？得到了規範。如果得到了規範的話，心的修持也就變得極為地容易。」08'51"

所以獲得奢摩他之後，由於奢摩他的止力，就會再次引發身心輕安的增長，由於身心輕安增長的緣故，又能增長緣著善所緣境的這個止住力。所以身心的輕安就是這種非常愉悅的、難以想像的、沒有經歷過的輕安和緣著境的這個止住力，它們會相互幫忙、輾轉增長。09'17"

總之，心與心所依的風息一起運轉，所以當心獲得堪能的時候，心的所依風息也就能夠獲得堪能。當風、心同轉的時候,我們的心會怎樣呢?我們的心就會趨於越來越平靜,風息也會變得越來越柔順,然後藉此身體就會獲得輕安,進而又生起殊勝的奢摩他。並且在獲得奢摩他之後,再以柔和的心促使著風息變得更加地柔順,然後又引發了更強烈的身心輕安。所以到了這部分的時候,再怎麼努力用功都是身體越來越輕安、專注力越來越強,不會像一開始那樣像一個戰鬥的狀態,跟昏沉和散亂拼命地戰鬥,一刻都不能休息。到此有點順風順水的感覺,有沒有?而且身心非常地愉悅。有沒有想得到?那就一起好好學!謝謝大家!要迴向。10'42"

講次0132
獲得寂止象徵的釋疑（一）

大家好！很開心又到了我們一起學習《廣論》的時間了。有發心吧？為利有情願成佛。就算是造作的這樣的動機，也要在心內造作，每天要聽法的時候養成習慣。00'33"

請大家把《廣論》翻到 386 頁第 2 行，校訂本是 110 頁倒數第 4 行。請大家和我一起看原文，注意喔！開始了。00'50"

> **斷疑者：** 如是於說無分別第九心時，雖於念知不起恆勤功用，心成等持；又盡滅除微細沈沒，具明顯力；又如前身輕安時說，由其風大堪能力故，能與

《廣論》段落

奢摩他校訂本：P110-LL4 ～ P111-LL1 斷疑者：如……二所共同。

福智第三版：P386-L2 ～ P386-LL3 第二斷疑……二所共同。

> 身心勝妙安樂。此三摩地，如於前述相狀時說，貪欲等蓋諸隨煩惱多不現行；雖出等引，不離輕安。若生具此功德之定，於五道中立為何位？01'39"

一個問題對吧？有人提了一個問題。什麼樣的問題啊？在無分別第九住心的這個時候提到，即使沒有持續地辛勤努力於正念與正知，內心能不能成為等持？也能夠成為等持，並且它具有連細微的沉沒都遮除的這個明分的力量。所以它具足一種明分，什麼樣的明分？就是連細微的沉沒都沒有了、都對治掉了，它達到了這樣的一個狀態。不僅如此，如同前面在身輕安的段落中說，透過風息堪能的力量給予身心殊勝的安樂。這樣的等持，又如同前面在相狀的段落中有說，貪欲等隨煩惱會不會現行？在多數情況下不會現行的。那麼從等引中出定的時候，會不會遠離輕安？也不會遠離輕安。02'45"

這些功德都是我們非常希望得到的，當生起具足這麼多、這麼多、這麼多功德的等持的時候，這種等持要安立為五道中的哪一道呢？就是它在哪一個階段呢？你們也有這個問題嗎?那宗大師就會回答了。接著我們就看原文:03'15"

> 答:若生如是妙三摩地,現見今昔有極多人,總體立為大乘之道,尤由隨順生輕安風,狀似舉身安樂充滿,依此身心起大調適;又見具足無諸分別、最極明顯二種殊勝,故許為無上瑜伽中備諸德相圓滿次第瑜伽。03'47"

答了!大師回答說:如果生起了這樣的等持,大師發現過去、當時很多很多的人,他們會有一個看法,什麼看法呢?就總體而言,會將這樣的等持安立為大乘道,認為獲得了這樣的等持就獲得了大乘道。尤其是透過與生起輕安相順的風息,使得全身感覺到彷彿充滿安樂——就是幸福極了吧——藉此而在身心產生強大的舒適感;並且又見到具足無分別與極其清晰的殊勝,於是——注意喔——於是承許這樣的等持,就是無上瑜伽中完全具備條件的圓滿次第瑜伽,認為這已經達到大乘道,而且是密法中極高的成就了。04'55"

可以想一想：沒有煩惱現行，並且具足身心輕安這樣的功德，如此殊勝的三摩地，那看起來是屬於哪一道？五道中的哪一道？05'13"

大師說「**今昔**」，就是過去和現在的人許多人把它列為大乘道了。05'21"

因為身心輕安獲得強大舒適、充滿安樂，行善的時候很有力喔！非常具有堪能。然後心在緣著善所緣的時候，不用刻意去想有沒有運用正念正知來對治沉掉，它就輕鬆地、不費吹灰之力地就對治沉掉了，自然地運轉，具有這樣的種種功德，很耀眼的！所以今昔的很多人都認為：這就是無上瑜伽中完備條件的圓滿次第瑜伽了。05'57"

到底是不是這樣呢？我們往下看宗大師怎麼解釋：06'04"

> **然依慈尊、聖無著等諸大教典，及《中觀修次》等明顯開示修定次第定量諸論而觀察之，此三摩地尚**

未能入小乘之道，何況大乘？ 06'24"

宗大師說：但是如果依據至尊彌勒、聖無著等諸大教典，以及《中觀修次》等清晰地開示等持次第的具量教典進行觀察的話，觀察到什麼了？說：具足那麼、那麼多條件的三摩地，甚至無法安立為小乘道，更何況是大乘呢？06'52"

接下來大師又說什麼了？再往下看：06'56"

《聲聞地》說，此觀粗靜為相諸世間道，能成第一靜慮根本定者，亦依此定而引發故。是以外道諸仙由世間道，於無所有以下諸地能離欲者，亦須依此而趣上道，是故此定是內外道二所共同。07'25"

大師說：因為《聲聞地》中說了──是有教典依據的──說什麼呢？即使是能夠成辦第一靜慮根本定，觀具有粗靜行相的這種世間道，也要依靠這樣的等持來修持。因此透過世間道，而對無所有天以下的下界離欲的那些外道仙人,也都是必須依靠這樣的等持前往上品道。這是怎麼回事以後我會講。所以這就是外道與內道,怎樣?兩者共通的等持。它不是內道不共的,更不用說是小乘道或大乘道了! 08'12"

我們可以再觀察一下這段教典到底在講什麼。哪部啊?《聲聞地》中說,說什麼?有些行者為了成辦第一靜慮的根本定,要反覆地觀察哪一界的過失?欲界的過失——觀察第一靜慮的功德、欲界的過失,這樣修學粗靜行相的世間道,這是以奢摩他為基礎而修的。那麼外道行者也是透過修學粗靜行相的世間道,暫時調伏多高的天以下的煩惱呢?無所有地以下的煩惱。他可以投生到輪迴中的最高處的天,什麼天啊?有頂天。他也是依靠奢摩他才能達到的。由此可以知道什麼?那麼、那麼殊勝的奢摩他,是內外道都共通的喔!因此,縱使奢摩他具有這麼多、這麼多殊勝的功德,但如果沒有無我見的攝持,也終究無法成為斷除煩惱的解脫道。09'28"

那麼這麼殊勝的輕安、心一境性、專注力等等,這樣的一個奢摩他，請問是五道中的哪一道呢？ 09'41"

都不是！ 09'42"

那可以確定它是大乘道嗎？ 09'44"

還有人認為它是圓滿次第的狀態。 09'48"

根據教典觀察，宗大師說：都不是這樣的！ 09'53"

這是與內外道共的一種奢摩他。 09'58"

能不能斷除煩惱？是不是解脫道？
不是！ 10'02"

因為什麼？因為沒有無我見的攝持，所以它無法成為斷除煩惱的解脫道。 10'11"

謝謝大家！ 10'16"

講次0133
獲得寂止象徵的釋疑（二）

大家好！又到了我們一起學習《廣論》的時間了，你們開心吧？今天要學386頁，有沒有算還有多少頁我們就學完了？到398頁奢摩他就學完了，開始進入毗缽舍那，所以要好好地學。今天是386頁倒數第3行，《廣論》校訂本是111頁最後1行。注意！開始了，請大家和我一起看原文。00'48"

> 或由無倒達無我見，及善覺了三有過失，而厭生死、希求解脫，由此出離意樂攝持，成解脫道；若由菩提心寶攝持，亦能轉成大乘之道。如與畜生一摶之食所行布施，及護一戒，若由彼二意樂攝持，如其次第，便成解脫及一切智道之資糧。01'21"

《廣論》段落
奢摩他校訂本：P111-LL1～P113-L4 或由無倒……同一意趣。
福智第三版：P386-LL3～P387-L7 或無顛倒……同一意趣。

前面獲得的奢摩他，如果是由無顛倒地證達無我的正見，以及善為證達一切三有的過失而厭離輪迴、希求解脫，被這樣出離的意樂所攝持，就會成為解脫道；如果是由於大寶菩提心所攝持，也會成為大乘道。比如施與畜生一搏之食物這樣的布施，以及執持、守護一條戒律，如果也是用出離心或菩提心來攝持的話，就會依次成為解脫與一切遍智道的這個資糧——被出離心所攝持，就會成為解脫道的資糧；被菩提心所攝持，就會成為一切遍智道的資糧。02'12"

　　那再問大家：當奢摩他被皈依所攝持的時候，屬於內道否？屬於內道。被空正見或出離心所攝持的話，就成為解脫道；那被菩提心攝持的話，就成為什麼道？大乘道。布施有情食物、守護一條戒律這些善行，同樣地如果被皈依所攝持的話，就能成為佛法；被空正見或出離心所攝持的話，就能成為解脫道；被菩提心所攝持的話，就能成辦一切遍智的資糧。02'49"

　　所以這樣的奢摩他，是大小乘共同要修的第一靜慮近分定，外道也會依著這個奢摩他來修持粗靜相道，才能獲得色界與無色界的這個四禪八定，這種三摩地只不過是內外道的共同基礎而已。03'12"

那我再請問大家：這種三摩地如果被出離心所攝持的話？會是什麼道？有答對嗎？對！會是解脫道。那麼如果被菩提心所攝持的話，會是什麼道？大乘道。這有答對吧？如果遠離了出離心或菩提心，再怎麼修這種三摩地會不會成為大小乘的功德？不會！怎樣不會？如果遠離了出離心或菩提心，那麼再怎麼修三摩地都不會成為大小乘的功德。03'51"

由此可見學《廣論》重不重要？是非常重要的！因為即使修定，如果沒有依著《廣論》的次第修出離心或菩提心的話，這樣的道是與內外道共的。如果皈依沒修的話，那就更慘！所以同樣的道理，即使我們做一點小小的善行，比如說布施有情一些食物，或者持守任何一條戒律的功德，如果被出離心所攝持的話，就會成為小乘道；如果被菩提心所攝持的話，成為大乘道。比如說我們參加法會、當義工等等,還有的人發心當班長、當關懷員去自作教他學習《廣論》,同樣的道理。04'40"

所以所修的法會不會成為大乘道?我們做的善行會不會被大乘道攝持?關鍵是看有沒有被菩提心所攝持。如果有菩提心攝持的話,即使還沒有獲得空正見,也會是大乘道。有聽清吧?好!那我們再往下看。05'01"

> 然今非觀察由餘道攝持,能不能成解脫及一切智道,是就此定自性觀察為趣何道。05'12"

這一段是在說什麼呢?說:然而這裡不是觀察透過其他道所攝持,是否會成為解脫與一切遍智之道,而是觀察透過這種等持自己的體性會趣向於哪一種道。有聽清嗎?就是觀察這個定而已。所以在這個地方探討奢摩他本身是五道中的哪一道,而不是討論它被其他道攝持之後,能否成為解脫道或一切智道。因此,從奢摩他的本質而言,它不屬於五道中的任何一道,只不過是內外道共通的世間道。對不對?05'52"

好！我們再往下看：05'55"

> 又中觀師與唯識師如何決擇毘缽舍那正見之境雖有不同，然總明止觀，及於相續生彼證德總體軌理全無不合。06'08"

這一段就是說，中觀師與唯識師對於如何抉擇毗缽舍那正見的對境，雖然是不同的，也就是中觀師與唯識師對於空性的抉擇方式是不同的，但是總體而言，對於修止觀的這個辨識，以及這些證德在相續中生起的方式這個總體內容，是完全一樣的、完全相同的。再看：06'38"

> 故聖無著於《菩薩地》及《攝決擇分》、《集論》、《聲聞地》中別分止觀二中，若修止者，說由九心次第引發；此復於《聲聞地》決擇最廣，故不許彼定即是修毘缽舍那法。以諸論中離九住心，別說毘缽舍那，《聲聞地》亦別說修觀法故。07'12"

因此聖無著在《菩薩地》，還有《攝決擇分》、《集論》、《聲聞地》當中，區分了止觀兩者，而在其中要修寂止的時候，宣說要透過九心的次第來修持，並且是在《聲聞地》中詳盡地加以抉擇，因此並不承許這些等持就是毗缽舍那的修持方法。因為在這些教典當中，是在九心之外，另外宣說毗缽舍那，並且在《聲聞地》中也有另外宣說毗缽舍那的修法的緣故。07'57"

「如是」，看書：08'01"

如是《中觀修次》諸篇及《般若波羅蜜多教授論》，亦說九心為奢摩他道，別說毘缽舍那道。慈氏論典所說諸義，亦除無著菩薩所解之外，更無所餘。故於此事，現見一切大車同一意趣。08'24"

同樣地，在《中觀修次》諸篇與《般若波羅蜜多口訣論》當中，也宣說了九心為奢摩他道，也另外宣說了毗缽舍那道。至於慈氏論典的說法，除了無著菩薩所解釋的內容以外，也沒有其他不同的內容，所以可見一切大車論師對於這一點的意趣都是一致的。08'58"

我們可以觀察一下這一段：宗大師引用了諸大論典來說明，說明一個什麼事情呢？諸大論典在宣說毗缽舍那的時候，主要是宣說出世間的毗缽舍那，也就是證得空性的毗缽舍那，因此就會提到所緣——空性。因為中觀師與唯識師對空性的安立方式不同，所以出現了不同的解釋。對吧？但是諸大論師對奢摩他的修法一不一樣？有沒有分？沒有分的，都是意趣一樣的。都是以什麼心來成辦的？都是以修九住心來成辦奢摩他的。有沒有清楚？09'43"

如果覺得這節課快的話，你們就重複地聽幾遍，好吧？謝謝大家都已經聽到這裡了。謝謝！09'56"

講次0134
獲得寂止象徵的釋疑（三）

　　大家好！很高興又到了我們一起學習《廣論》的時間了，希望大家提前有做聽聞軌理了。讓我們一起翻開《廣論》387頁倒數第6行，《廣論》校訂本是113頁第5行。我們看原文，說：00'40"

若謂《聲聞地》所說者，雖有安樂、明顯，然無甚深無分別相，故唯是止；若有無分別，即空三摩地。 00'55"

　　大師在此處提出有一種人的想法，這種想法是什麼？如果心想：《聲聞地》所說的等持，縱使會有安樂與清晰，但是並沒有甚深無分別，所以僅僅是寂止；如果具有

《廣論》段落
奢摩他校訂本：P113-L5 ～ P114-LL4 若謂《聲聞……此是、此非」。
福智第三版：P387-LL6 ～ P388-L2 若謂聲聞……此是此非。

無分別的話,是不是就會成為空性定?其實這是一個很重要的問題,是需要被釐清的。01'25"

什麼問題有沒有聽清楚?那我再說一遍:有人說——引經據典了——《聲聞地》中說了:雖然有安樂與清晰,可是沒有甚深的無分別,這只是寂止的奢摩他;如果這個奢摩他有甚深無分別,就會成為證得空性的三摩地。這個他宗的想法認為:只要有無分別,就是證得空性。對不對?是這樣吧?有無分別就是證得空性。那我們再看看大師是怎麼分析這個立宗。看原文:02'06"

> 所言「甚深無分別」者,深義云何?為由觀慧正見究竟決定,次於其上無分別住耶?抑唯全不思擇、無分別住耶?02'27"

所謂的「**甚深無分別**」中——要對這個進行分析了——所謂的「**甚深無分別**」中,「甚深」的意思是什麼呢?是安立為透過分別觀察的智慧完全地斷定正見。這裡的「完全斷定」,阿嘉雍增認為就是指終極確定,意思就是完全定解了。那麼透過分別觀察的智慧完全地斷定正見之後,接著在這個之上無分別地安住,他宗所說的是指這種無分別嗎?還是單純地指不作任何分別、不作任何觀察而安住呢?是指哪一種無分別呢?注意喔!這是大師的反問。那我們再往下看,說:03'21"

若如初者,吾等亦許如此即是空三摩地。若汝許此,理應如是分別宣說:「應當分別有無實性見解二類。若有彼見補特伽羅,次住見上修無分別,是修甚深空三摩地。若無見解補特伽羅,全不分別而修,其修則非修深空性。」 03'49"

如果是第一種的話,我們承許這樣的三摩地是空性的三摩地。如果你是這樣承許的,那麼理應進行區分而說:「要區分是否具有空性見的理解,也就是有沒有空正見的理解。具有正見的補特伽羅,安住於正見之上而修習無分別,就是修習甚深的空性三摩地。沒有正見理解的補特伽羅,只是不作任何分別地修持」,這樣的修持是不是修持空性?「並不是修持甚深空性。」一定要作一個這樣的區分,不能一概而論地說:只要無分別就是修空性。不能這樣說! 04'42"

我們再看一下大師的反問。大師說:那你所謂的「甚深無分別」到底是什麼意思呢?是透過觀察的智慧定解了無自性,安住在無自性的內涵上,而且遠離沉掉,把這個稱之為無分別呢?還是指一開始就沒有思惟、沒有觀察,叫作無分別?如果是前者的話,大師說:我也承許這是空三摩地,如果你的承許也是如此的話,那就應該要區分出有沒有空性見解的兩種狀況——先證得無自性,獲得空正見之後,安住在無自性上修學無分別,這才是真正修學甚深三摩地;如果沒有證得諸法無自性,只是很單純地不觀察、不作意,這不是在修習甚深空性。對吧?我們往下看。 05'43"

不應宣說:「諸凡一切無思惟修,皆是無緣,或於無相,或於空性修靜慮師。」 05'56"

不應該說:「凡是不作任何思惟而修持,這一切都是對於無緣,或者無相,或者空性修持靜慮的行者。」這裡邊的「無緣、無相」,都是指什麼?指空性。我們再往下看:06'16"

> 若謂無論有無了悟空性正見,但若心無分別、全不思擇而住,此一切修皆是空定,則前所引《聲聞地》說奢摩他品諸三摩地,雖非所欲,亦應許為空三摩地。以由彼等安住定時,除些許時念正知勢力轉弱起偵察等,餘時全不略起分別而修,謂「此是、此非」。06'55"

　　這一段在講什麼呢?說:如果承許不論是否有證悟空性的正見,凡是內心不作任何分別、不作任何觀察而安住的修持,全部都是空性定。如果這樣的話,那麼前面引述的《聲聞地》中所說的這些奢摩他品的三摩地,也都必須不得不承許就是空性定囉?因為這些也都是安住於等持的時候,除了偶爾正念與正知的力量趨於微弱,然後又提起心力才進行偵察之外,不作絲毫「此是此、此非此」的這個判別、這個分別來修習的緣故了。對不對?07'42"

這段話再理解一下，就是如果認為無論有沒有了解空性、有沒有觀察空性，只要正修的時候心無分別、不去觀察就是空三摩地的話，那所有的奢摩他都改名了，都應該叫作空三摩地了，對不對？因為奢摩他生起來之後，就不需要以正念和正知觀察有沒有現起沉掉，完全不需要有對治的作意了。因為它已經到了無功用運轉的階段，對不對？長時間地安住於善所緣上是不費力氣的。在安住的過程中不會起分別，不會想到「這個是這個、這個不是那個」，或者「那個是這個」，所以所有的奢摩他都成為了緣著空性的三摩地。大家覺得這個荒不荒謬呢？這是很荒謬的，對吧？這承許太過了。所以不應該認為只要無分別就是修持空性，對不對？要看有沒有獲得什麼？最精彩那三個字——有沒有獲得「空正見」。08'57"

　　有沒有聽清？好！想要聽繼續精彩的辨析，下節課再見！09'13"

講次0135
獲得寂止象徵的釋疑（四）

廣論止觀初探
有作意相及斷疑

　　大家好！很高興又到了我們一起學習《廣論》的時間了。種敦巴尊者曾經說過：即使是相似的發心，這一生也應該努力地練習，因為可能來生我們就會擁有真實無偽的菩提心，做一個大菩薩。所以即便是相似的發心，也要在心中非常殷重地作意：為利有情願成佛！ 00'46"

　　今天繼續學。請大家把《廣論》打開388頁第2行，校訂本是114頁倒數第3行。有沒有找到？請大家跟我一起看原文。注意啊！注意啊！ 01'07"

> 故《解深密經》說，諸能引發正奢摩他妙三摩地，緣無分別影像。《聲聞地》亦云：「彼於爾時緣無

《廣論》段落
奢摩他校訂本：P114-LL3 ～ P115-LL3 故《解深密……亦善破除。
福智第三版：P388-L2 ～ P388-LL4 故諸能引……善為破除。

分別影像,即於如是所緣影像,一向一趣安住正念,不復觀察、不復簡擇、不極簡擇、不遍尋思、不遍伺察。」止觀二中於奢摩他作是說故。01'43"

因此在《解深密經》中有提到,能修成奢摩他的三摩地是緣著無分別的影像。接下來大師引了一段,哪裡?《聲聞地》。巴梭尊者在《四家合註》中有解釋這一段《聲聞地》的文——《聲聞地》中也說:「在那個時候緣著無分別的影像」,那請問什麼是無分別影像呢?就是觀察的智慧所不分別的影像,這個影像就是奢摩他的所緣。「對於這個所緣,唯獨一向地專一安住於正念,這就是修持寂止,而不以智慧作審視、也不作簡擇、不作最極簡擇、不作全面尋思、不作全面伺察。」02'39"

其中這個「一向」,巴梭尊者解釋為:總體而言,在修成三摩地中,必須具有專一安住與別別觀察的隨順止觀兩種,在這兩者當中,一向或一部分,也就是指專一安住、止住的這個部分,就是這裡邊所說的什麼呀?「一向」的意思。《聲聞地》的這段文是針對止觀二者當中的寂止如此宣說的。有聽清吧！03'20"

那我們接著再往下看。看《聲聞地》又說了：03'28"

> 《聲聞地》又云：「又若汝心雖得寂止，由失念及未串習之失，故由諸相、尋思及隨煩惱，令得顯現、開啟門徑、能為緣取。隨所生起，由先所見諸過患相增上力故，即更當修不念作意。如是由修不念作意，除遣、散滅所緣，當住無顯現性。」此是僅於修止時說。04'08"

又是巴梭尊者在《四家合註》裡解釋了這段文——《聲聞地》中又說了：「如此地獲得了寂止」，也就是修成寂止之心，「如果由於遺忘所緣」，就是他忘了，「或者不熟悉、對所緣還不熟悉的過失，導致由於這些內心流散的相狀、思慮和隨煩惱就開始出現。」04'36"

那麼中間我給大家解釋一下關於「內心流散的相狀」。這個善慧摩尼大師有解釋說：「就是指色、聲、香、味、觸五種境界的相狀」,還有什麼?「過去、現在、未來三時的境界,還有男、女二相,總共就有十種。」十種什麼相狀?就是令你的心去攀緣、不安住在所緣、游來游去的這個十種流散的相狀。接下來,「思慮與隨煩惱,而顯現、開啟門徑」,「開啟門徑」是指什麼呢?是指就像開了一個門,生起這些東西了。「能為緣取。那麼對於所產生的這一切分別心,透過先前見到了過患,而要做到沒有憶念與沒有作意這些分別心。如此一來,由於沒有憶念與沒有作意」,那「沒有作意」是什麼意思?善慧摩尼大師解釋為:「不作意所緣以外的其他對境」,就因為他知道過患了,所以就不作意善所緣之外的。「由於沒有憶念與沒有作意,令所緣如此地毀壞而遮除或者消散,就會安住於這種沒有沉掉顯現的所緣當中。」這只是在修持寂止的階段中宣說的。說這一段還是在說修寂止。06'11"

那麼《解深密經》與《聲聞地》都是提到:奢摩他是對所緣不分別、不觀察、不簡擇等等。在止觀兩者當中,上述的經典是解釋什麼的?是對寂止解釋的。有聽清吧!06'29"

好！我們接著再往下看，看原文：06'36"

> 諸定量論皆說修奢摩他時不觀察修，唯安住修。故許一切不分別修，皆是修空行持，實為智者所應笑處。尤許「凡說『不念作意之修』皆是修空」，《聲聞地》文亦善破除。07'03"

注意聽喔！眾多具量的教典中都有宣說，在修持奢摩他的這個階段中，沒有觀擇修習而安住的修習。因此，承許不作意任何分別的一切修持都是修習空性的修持，大師說這種承許是「**實為智者所應笑處**」，就是被智者取笑的地方。尤其是承許凡是提到沒有憶念、沒有作意的修持，全部都是在修習空性，這個也被《聲聞地》這段經文善為破斥了。07'54"

那我們總括一下，我們看到大師引用了許多大論典，都說到一個問題：定量的經論都如是說，修學奢摩他的時候沒有觀擇修習，而是安住的修持。那麼如果說一切無分別修都是修習空性的話，大家覺得這會不會非常地荒謬呢？什麼都不了解、什麼都不去想的無分別，與證得空性的無分別，這兩者是一樣的嗎？這是完全不同的！把前者當成是修習空性，合理嗎？是完全不合理的！如果把無分別作意的禪定視為斷除一切煩惱根本的毗缽舍那，那不僅僅是欺騙自己，他人也會跟著受害。因為持這種見解的修行人會對他人說這是殊勝的解脫之道，對空性毫無觀察，一開始就否定一切分別作意，這是完全錯誤的觀修空性的方法。他觀修的不是空性。09'09"

所以在修學三摩地的時候，應該一心專注於所緣境上，避免生起雜念，也不要去緣一些其他無關的事情，最終就能生起安樂、明晰、無分別定，有些經論稱這種狀態叫「心不造作」或「不執著」。但這種狀態中，仍然可以分為是否安住於空性兩種狀況，我們應該善加辨別有沒有安住空正見，這點很重要！09'41"

關於這一點，蓮花戒論師在《修次第論》中有一再地破斥「不作意」的見解，這是針對什麼？這是針對「初修業者不以正見抉擇空性，只是設法去除心中的雜念、讓內心保持專注,並且認為那就是在修學空性的人」所提出的;而不是反對「內心安住於空性之後,不再作意其他的世俗法、一心專注修學空性」。由此可見,同樣都是修習「不作意」或「不執著」,卻有著證悟空性與否的極大差異。針對這點,我們一定要再再、再再地仔細辨析! 10'26"

現在有很多人說:證得空性之前就要修奢摩他嗎?如果如願以成地修成了奢摩他,然後把心中沒有任何妄念、猶如虛空般的狀態,又那麼明晰、又那麼安樂,誤以為自己已經證得了空性,這完全是無法分辨「安樂、明晰、無分別定是否是空性的修持」所造成的過失;甚至會因為無法辨別其中的差異,而將內外道共通的三摩地與無上瑜伽的圓滿次第混為一談。所以對於這點我們一定要詳細地探究,避免走上修行的不歸之路。 11'15"

由於大師為我們清晰地辨別,我們才知道這些差別,這就是宗大師對我們的深恩!不然我們會為各種各樣的說法所迷惑,因為那樣修的人告訴我們,我們也覺得這樣合理的。所以一定要親近善知識,依靠定量釋論,亦步亦趨地、很嚴謹地面對修行。你們會不會心裡很感恩大師這樣詳細地幫我們辨析?謝謝! 12'04"

講次0136
獲得寂止象徵的釋疑（五）

大家好！很開心又到了我們一起學習《廣論》的時間了。這一週你們有重複地聽嗎？如果是現場的話，其實在讀到原文的時候，我想我們一起讀會比較好，但現在就是只有我一個人讀，你們可以在聽的時候跟我一起讀。我們一起繼續學，在《廣論》388頁倒數第4行，《廣論》的校訂本是115頁倒數第3行。好，開始了！00'52"

> 又《修次初篇》云：「奢摩他自性者，唯是心一境性故。此即是一切奢摩他總相。」01'04"

另外《修次初篇》中說：「因為寂止的體性，僅僅是一心專注。這就是一切寂止的什麼？總體相狀。」接著往

《廣論》段落
奢摩他校訂本：P115-LL3～P117-L3 又《修次初……自當了知。
福智第三版：P388-LL4～P389-L6 又修次初……自當了知。

下看,今天原文比較多。哪一部論?《慧度教授論》。01'27"

《慧度教授論》亦云:「應當遠離緣慮種種心相意言,修奢摩他。」意言者,謂分別「此是此等」。 01'39"

哪一部論?《般若波羅蜜多口訣論》,對吧?也就是《慧度教授論》中也說:「應當捨離緣著顯現出各種境與有境的心而意言,來修持什麼?修持寂止。」巴梭尊者在《四家合註》中有說,《般若波羅蜜多口訣論》中這段文開示了唯識宗的見解。所謂的「**意言**」是什麼意思?宗大師解釋說,這裡的意言是「**分別『此是此等』**」,就是這個是這個。善慧摩尼大師說:「意言,就是心對於所緣的數數觀察。」也有善知識解釋說:是指心對於所緣的數數思惟。02'20"

接著,看書。「**又於前引**」,哪部經?《寶雲經》。02'31"

> **又於前引《寶雲經》說奢摩他是心一境性，此等眾經、大車諸論，曾經多次說奢摩他全無分別。** 02'43"

又開始引了，對吧？另外，前面提到《寶雲經》中說奢摩他為一心專注等等，引述了大量的經典與大車的教典，多次宣說奢摩他是不作任何分別。02'58"

綜上所述，《修次初篇》、《慧度教授論》、《寶雲經》等這些經論，都宣說了奢摩他是不作任何分別。對不對？那麼就是無分別。無分別是不是就一種？無分別有幾種呢？我們接著再往下看。03'19"

> **故無分別略有二種，謂修空無分別，及於空性全未悟解諸無分別。故不應執凡有安樂、明顯、無分別者，皆是修空。** 03'39"

因此，有修持空性的無分別，以及完全沒有證得空性的無分別這兩種無分別，所以不應該認為只要出現安樂、清晰、無分別，全部都是空性的修持。第一種無分別，是修持空性的無分別，這是對什麼不分別呢？是不分別有諦實。第二種無分別，是完全沒有證得空性的無分別，這是指連用比量證得空性都還沒有達到的無分別。這種無分別是對什麼不分別呢？是不分別自己的所緣以外的對境，就一心專注。對吧？04'29"

會太快嗎？還可以吧？好吧！我們再往下看。看原文：04'36"

> 若如是者，此等亦僅略示方隅，應善策勵，了知慈尊及無著等所解修止觀法。若不爾者，便於少分尚未得止住無分別定，誤為能斷三有根本毘缽舍那。於此起慢，謂修無緣，空度時日，定欺自他。05'04"

既然如此，上述這些也只是指出了一部分的內容，應當要善加努力。哪樣努力？要了知慈氏與無著論師等所闡述的修習止觀的方法。因為如果不這麼做的話，就會將某些尚未達到寂止的安住無分別的等持，誤以為是能截斷三有根本的毗缽舍那，而且將此還自誇為修持無緣而空度光陰，必定會欺誑自他。我們往下看。05'48"

現見定量賢哲所造論中，說於新修奢摩他時，唯應止修無分別住；初修觀時，以觀察慧分別觀擇而修。若執一切分別皆是實執，捨此一切，即正違背定量諸論。未得無謬無我正見，然以全無分別認作修習勝觀深義，見此未雜餘說，純是支那堪布之宗。細觀三篇《修次第》中自當了知。06'30"

所以見到了眾多具量的善巧成就者所造作的論典當中，全部都有提到新修奢摩他的時候，應當只安住於無分別的止住修；而在最初修持勝觀的時候，要以分別觀察的智慧分析、觀察而修持。如果認為所有的分別心都是實執，然後就捨棄一切的分別心，這樣的話，就完全違背了眾多定量的教典。還沒有獲得正確無誤的無我正見，就將不作任何分別視為修持勝觀的甚深內涵，針對這種現象，大師說見到這是沒有摻雜其他說法，單純就是支那堪布和尚的修法,應該仔細地閱讀《修次》三篇——哪三篇,知道吧——就會了知了。07'33"

上述大師殷殷地教誡我們,一定要善加努力地學習教典,對吧?學習哪些教典呢?慈氏與無著論師等等論師所闡釋的修習止觀的方法。如果不學的話,會怎樣呢?就會把止誤認為觀,把禪定境界誤認為是證得空性,甚至可以截斷生死,這對我們的損失太大了!所以學習教典可不可以省力修行呢?少走彎路、少走錯路,可不可以節約時間、節約體力?所以諸大教典是我們離苦得樂的明燈呀!是不可以不看教典亂修的,對吧?修行者作為我們來說,應該常作依止,不能捨離對教典的聞思。大家認為呢?好,謝謝!08'46"

廣論止觀初探

總示依奢摩他趣道軌理

講次0137
依靠寂止行進於勝觀

　　大家好！很開心又到了我們一起學習《廣論》的時間了。有做聽聞前行嗎？如果沒有時間做，你能瞬間進入聽聞狀態嗎？ 00'28"

　　好！請大家翻開《廣論》389頁第7行，校訂本是117頁第4行。今天我們要往下學「**總示依奢摩他趣道軌理**」，請大家跟我一起看原文。注意喔！注意！ 00'53"

> **第二、總示依奢摩他趣道軌理：**如是已得如前所說無分別三摩地作意，彼唯應修具足明顯、無分別等殊勝之無分別耶？ 01'12"

《廣論》段落
奢摩他校訂本：P117-L4～P119-L1「第二、總示……發起加行。」
福智第三版：P389-L7～P390-L6「第二顯示……發起加行。」

該到第二科了。第二科、總體說明依靠奢摩他行進於道的這個道理。這個時候有一個問題，什麼問題？說：如此地獲得了前面所說的無分別等持的作意之後，是否應當僅僅以此維繫具有明晰與無分別等持特徵的無分別呢？請大家注意「**依奢摩他趣道軌理**」的「依」字，依靠什麼？依靠什麼？依靠奢摩他。依靠奢摩他做什麼？行進於道，對不對？那再請大家注意一下，「**彼唯應修**」的這個「唯」字，說只修具有清晰、無分別奢摩他這樣夠不夠呢？我們看看大師是怎麼回答的。02'16"

> **答：於相續中引發如此妙三摩地，是為引生能摧煩惱毘缽舍那。是故若不依此引發勝觀，任如何修此三摩地，尚不能斷欲界煩惱，況能盡斷一切煩惱，故當更修毘缽舍那。** 02'45"

大師回答了，說：「在相續中發起這樣的三摩地，是為了要引生摧伏煩惱的毘缽舍那。所以如果不依此發起勝觀，無論再怎麼修持這種三摩地，連欲界的煩惱都無法斷除，更不用說是斷除一切煩惱！因此必須修習毘缽舍那。」03'05"

雖然獲得了奢摩他之後，我們那個境界實在是別有洞天——妄念、煩惱大幅地減少，身心也感到無比的喜樂，在一種強大的輕安中。但是作為我們佛弟子來說，在相續中生起奢摩他的主要目的到底是什麼？是為了引生能夠斷除生、老、病、死煩惱的這個毗缽舍那。如果不依著奢摩他而引生毗缽舍那，那即使花了再多時間修三摩地，能不能斷除欲界的煩惱？剛才講不能！更不要說斷除三界一切煩惱了，對吧？因此，獲得奢摩他之後，我們一定、一定要再更進一步地去修學毗缽舍那，這是修學奢摩他的目的。04'04"

我們再往下看。注意！注意不要走神！04'12"

此復有二：一、能斷煩惱現行，世間道所行毗缽舍那；二、能從根本斷除煩惱種子，出世道所行毗缽舍那，除此更無進道方便。如《聲聞地》云：「已得作意諸瑜伽師，已入如是少分樂斷，從此已後，

> 唯有二趣,更無所餘。何等為二?一者世間,二出世間。」04'43"

其中又有兩種,第一個是什麼?能斷除煩惱的現行,以世間道前行的勝觀;第二種是能夠從根本上斷除煩惱的種子,它是以出世間道前行的勝觀。除了這兩種之外,沒有其他的進道方法了。因為《聲聞地》中說:「如此獲得作意的瑜伽師,已經趣入了少許斷除的歡喜,也就是對於斷除煩惱生起了少許的歡喜,這樣的瑜伽師要再向上進趣之處只有兩種,除此之外就沒有了。哪兩種呢?世間與出世間。」05'36"

接著再往下看囉!注意! 05'42"

> 如是已得正奢摩他或作意者,或欲修習世間道毘缽舍那,或欲修出世道所行毘缽舍那,皆於先得奢摩他應多修習。如是修時,輕安、心一境性皆極增長,其奢摩他亦極堅固。又應善巧止觀眾相,其後欲以二道隨一而行,即於彼道發起精勤。06'12"

這一段在講什麼呢？說是如此地獲得了寂止或作意的這個修行者，無論是修持世間道的勝觀，或者以出世道前行的勝觀，想要修持的人，都要多次地修持前面已經獲得的寂止，不能荒廢。如此修習的時候，就會極度增長輕安與一心專注，並且他那個禪定、寂止也會極其堅固。另外也要善巧止觀的眾多相狀，之後想要透過兩種道的任何一種前行，就應該精勤於那種道。有一位仁波切提到：「善巧止觀相」，在這裡就是指善巧獲得止觀的相狀及方法。可以嗎？我們再繼續喔！繼續往下看。07'08"

> 如《聲聞地》云：07'13"

不要走神！07'16"

> 「彼初修業諸瑜伽師有作意者，或念我當以世間行而趣，或念我當以出世行而趣，復多修習如是作意。如如於此極多修習，如是如是所有輕安、心一境性，經歷彼彼日夜等位轉復增長、廣、大。若時彼之作意堅、穩、牢固，於淨所緣勝解而轉，於止

> 觀品善取其相,彼於爾時或世間道或出世道,樂以何往,即當於彼發起加行。」08'05"

　　有點長,我們看一看。因為《聲聞地》中說:「對此,具有作意的初修業瑜伽師,心想:『我要以世間行前行』,或者心想:『我要以出世間行前行』,於是就多次地修習這種作意。」就在心裡反覆地這樣想。「越是多次地修習,輕安與一心專注便歷經日日夜夜而越是增長、廣、大。」《聲聞地》中的這句話「**增長、廣、大**」可以理解為上、中、下三品的增廣,有善知識這樣解釋。何時作意「**堅、穩、牢固**」,又有善知識解釋說:「堅」是指專注安住於所緣,「穩」是指不被內外眾緣所動搖,「牢」就是續流堅固。「能夠趣入對於清淨所緣的勝解,並且也完全執取寂止品與勝觀品的眾多相狀,那時候想要以世間道或者想要以出世間道前行,就要對於這樣的道發起加行。」09'25"

　　大家有沒有發現,是什麼決定了趣向世間道或出世道呢?問個問題,有答案嗎?《聲聞地》中說:「具有作意的初修業瑜伽師，心想：『我要以世間行前行』，或者心想：『我要以出世間行前行』……。」所以修行者的意樂決定。決定什麼？我們的意樂會決定我們修行的趣向、方向。那我們為什麼會有這樣的意樂呢？是不是透過學習教典，然後發現只有止是無法斷除生死的，所以會進一步修出世間道。是這樣嗎？10'28"

在這條路上每走一步都離不開善知識！師父常常說只要我們不退心，師父就會陪我們走完最後一程。所以我們不能退心啊！一定要走進自他二利最圓滿的生命狀態。那是什麼狀態？就是一切遍智的果位。師父說他會陪我們走到那裡，所以大家要加油！11'02"

講次0138
世間道與出世間道的勝觀

大家好!很高興又到了我們一起學習《廣論》的時間了。這一週你們過得還好吧?現在要提心力喔!我們要開始學習了。請大家翻開《廣論》390頁,有沒有注意到390頁,意味著什麼?快講完了!第6行。《廣論》校訂本是119頁第1行。注意!我們要開始看原文了:00'50"

> 其中世間毘缽舍那修習粗靜為相,謂觀下地粗性、上地靜性。其出世間毘缽舍那《聲聞地》所說者,謂於四諦觀無常等十六為相,如是修持,主要通達補特伽羅無我正見。01'14"

說:世間的毗缽舍那,是將下地視為粗劣、上地視為

《廣論》段落
奢摩他校訂本:P119-L1 ~ P119-L4 其中世間⋯⋯無我正見。
福智第三版:P390-L6 ~ P390-L7 其中世間⋯⋯無我正見。

寂靜，具有粗靜行相的這個修持。《聲聞地》中所說出世間的毘缽舍那，則是將四諦視為具有無常等十六種行相的這個修持，主要是要做什麼？是為了證達補特伽羅無我的正見。01'45"

我們約略地再總說一下：生起奢摩他之後，所要修持的毘缽舍那有幾種？兩種。第一種：世間道的毘缽舍那——以粗靜行相的世間道暫時壓伏了現行的煩惱，也就是暫時不讓煩惱現行，這是內外道共通的修持；第二種：出世間道的毘缽舍那——是透過觀察四諦無常等十六行相，徹底地斷除煩惱的種子，這是內道不共的修持。02'26"

那麼所謂的「粗靜行相的世間道」是指：藉由觀察下地的粗相，也就是過失，上地的靜相，也就是功德，暫時調伏了下地煩惱的這個世間道。如果以欲界和色界為例，哪個是下地？欲界是下地，色界是上地，對吧？那麼這兩者要比起來的話，欲界中的眾生煩惱熾不熾盛呀？熾盛！疾病多不多？疾病眾多、壽命短暫、福報微薄，這個欲界還有戰爭、地震,各種天災人禍也很頻繁。但是這些問題存在於色界嗎?這些問題都不存在於色界。所以仔細地觀察這個現象之後,就會對欲界產生了厭離的心,並且想要壓伏欲界的這個貪等煩惱,而將色界的第一靜慮視為將來投生的目標。所以經過反覆地修持之後,欲界的煩惱就會越來、越來、越來、逐漸、逐漸地減輕了,直到獲得第一靜慮的根本定,就能不讓欲界的粗分煩惱現行,並且在往生之後會投生到初禪天。03'55"

投生到初禪天之後,又開始看了!就看到了二禪天了,二禪天又比初禪天更超勝的功德,又看到了!這個時候就要以二禪天作為目標,再次地修學粗靜行相的世間道,觀察初禪天的種種過患、二禪天的種種功德,直到獲得什麼?第二靜慮的根本定,也就是暫時能夠調伏第一靜慮的煩惱,並且在往生之後,投生在哪一重天了?二禪天。04'32"

以此類推,從二禪天投生到三禪天、從三禪天投生到四禪天,之後從色界依次投生無色界的空無邊處、識無邊處、無所有處，及有頂天，到達了輪迴的最頂端！由於在輪迴中沒有比有頂天更高的地方，所以稱有頂天為「有頂」，就是三有中的頂端，無法繼續藉由觀察上下地的功德與過患來修粗靜行相的世間道，無法再觀察一個輪迴中比有頂天更高的地方的功德來對有頂天離欲。05'18"

這個時候的狀態，再加上這個時候的修行者幾乎感受不到煩惱與痛苦的逼迫。想一想喔，感受不到煩惱與痛苦的逼迫了，於是常常會誤以為當下的狀態就是究竟的解脫。但實際上是嗎？不是！是什麼？是有頂天呀！雖然它是整個輪迴的最高天，但是它是不是被輪迴所攝？還在死主的口裡邊。由此可知，即使精進修學粗靜行相的世間道，能暫時從苦苦和壞苦的這個束縛中脫離出來，但是仍舊無法脫離哪一種苦？行苦的束縛。所以能不能算是真正的解脫？不能算是真正的解脫。因此，想要斷除煩惱、獲得真正的解脫，就必須觀察四諦無常等十六行相，修學出世間道的毗缽舍那，那其中最重要的是什麼？通達補特伽羅無我的正見。有沒有聽清？06'41"

我現在問問題喔！如果得到前面所說的，具有明顯分及無分別作意等等殊勝的奢摩他，單單修持這種無分別的奢摩他可以獲得解脫嗎？你們答案是「不能」，對吧？我們最主要是為了生起證得空性的毗缽舍那而修奢摩他的，是這樣吧？是的。因為沒有奢摩他，能不能引生毗缽舍那？沒有奢摩他，就無法引生毗缽舍那；沒有毗缽舍那，就無法生起證得空性的毗缽舍那，就無法對治煩惱的根本。所以修奢摩他是不是成辦解脫的基礎啊？是！07'29"

　　但是如果因為它是基礎，就只修奢摩他的話，離開了證得空性毗缽舍那的觀修，不要說是解脫生死，能不能壓伏欲界的煩惱？就連欲界的煩惱都是無法壓伏的，更不用說色界、無色界的煩惱了。因為它只是第一靜慮的前行而已呀！還不是第一靜慮的根本定，對不對？要進入第一靜慮的根本定還是需要——要不要觀修？還是要修毗缽舍那，要觀察上下地的粗靜行相。所以這樣的奢摩他雖然具有眾多、眾多的功德和美好，但僅僅修習這樣的奢摩他，對我們生命的圓滿來說是遠遠不夠的，對吧？應該更進一步地尋求修習毗缽舍那。08'22"

再問大家：斷除煩惱的方法有幾種？
兩種。08'28"

第一種是暫伏煩惱現行，對吧？就是暫時不要讓煩惱現起，這個就已經很厲害了，比如說你如果今天不讓煩惱現起，今天的日子過得有如神仙，太舒心了！沒有煩惱現起。但是，暫時不要讓煩惱現起，這是趣入世間的毗缽舍那道。08'48"

那麼第二種是什麼？
永斷煩惱種子的，是趣向出世間的毗缽舍那道。08'56"

其中世間的毗缽舍那應該怎麼修？觀修粗靜行相，記得吧？觀修下地為粗相、上地為靜相。然後出世間的毗缽舍那，怎麼修？如同《聲聞地》所說的，應觀什麼？無常等十六行相，其中最主要的是要通達補特伽羅無我的毗缽舍那。也就是我們學完了奢摩他，要學的毗缽舍那裡邊要講空正見。值不值得期待？好好加油！謝謝！09'40"

講次0139
今生以世間道前行的四種補特伽羅（一）

大家好！很高興又到了我們一起學習《廣論》的時間了，你們有沒有做聽聞前行？透過思惟聞法勝利，策發歡喜心來學習，尤其是大乘的動機。希望在這節課裡我們能夠善用暇身，取得很大的義利。00'36"

好！請大家翻開《廣論》390頁倒數第6行，《廣論》的校訂本是第119頁第5行。有找到吧？注意喔，開始了！我們一起看原文。這是一個問題：00'54"

> 如是得前所說奢摩他作意，有幾種補特伽羅於現法中不以出世道行，而以世間道行？01'05"

《廣論》段落
奢摩他校訂本：P119-L5～P120-LL2 如是得前……毘缽舍那。
福智第三版：P390-LL6～P391-L3 若得前說……毘缽舍那。

接下來就有一個問題,說:如此地獲得了前面所說的奢摩他作意,那麼有幾種補特伽羅會在他那一生中不以出世道——出世間的道前行,而是以世間道前行呢?01'23"

我們接著看一下大師的回答。原文:01'28"

如《聲聞地》云:「問:此中幾種補特伽羅,即於現法唯以世間道行,非以出世道?答:略有四種:一、除此以外一切外道;二、於正法中根性鈍劣,先慣修止;三、根性雖利,善根未熟;四、一切菩薩樂當來世證大菩提,非於現法。」02'05"

就像在《聲聞地》中所說的:「問道:其中有多少種補特伽羅今生只能以世間道前行,而不是以出世道——出世間的道前行呢?」然後回答說有幾種啊?有四種補特伽羅。第一種,就是內道以外的一切外道。「**除此以外一切外道**」的「此」,就是指什麼?指內道。第二種,雖然是內道,然而他過去就是非常習慣行寂止的這個鈍根行者。第三種,雖然是利根,善根成不成熟?善根還沒有成熟。第四種，就是想要在來世獲得菩提，而不是在今生獲得菩提的菩薩。03'02"

語王大師在《四家合註》中說：依靠寂止行進於道的方法中，今生以世間道前行的四種補特伽羅，其中提到：「外道與內道鈍根者，那一生不會以出世道修前行。」這裡邊所說的「道」——具有粗靜行相是世間道，具有諦實行相是出世間道。一般而言，世間與出世間有很多種的理解方式，那麼此處安立世間道與出世間道是從行相的角度。就是具有粗靜行相的道，是什麼道？是世間道；具有諦實行相的道，就是出世間道。03'49"

這裡邊「諦」，是指什麼呢？是指四諦。「行相」，就是指四諦的十六行相，或者說無我、空性的行相。大家還記不記得四諦十六行相是哪十六個？你們可不可以列出來？無常、苦、空、無我，是什麼的行相？是苦諦的行相。因、集、生、緣，是集諦的行相；滅、靜、妙、離，是滅諦的行相；道、如、行、出，是道諦的行相。那麼執取四諦十六行相而修的道，或者證得無我、空性的道，就是「具有諦實行相的道」。04'42"

善根還沒有成熟的利根菩薩,以及一生所繫的菩薩——一生所繫的菩薩是指什麼?就是他下一生一定會獲得佛果的這種菩薩,是一生補處的菩薩。這兩種菩薩——世、出世間,不是從行相的角度,而是從所依的角度。那麼從所依怎麼分呢?凡夫的道是世間道,聖者的道是出世間的道。所以這裡邊雖然前後都有提到世間道與出世間道,但是理解的角度一不一樣呢?是不一樣的,所以不是同義的。關於世間道與出世間道安立的方式,以後我們學到《現觀》的時候,可以更詳細地學習其中的差別。05'27"

什麼是凡夫道?還沒有獲得聖道、還沒有現證無我的補特伽羅就是凡夫;凡夫心續中的道就是凡夫道。包不包括資糧道、加行道呢?是包括資糧道、加行道的。那麼什麼是聖者道呢?已經獲得了聖道、已經現證無我的補特伽羅就是聖者;聖者心續中的道就是聖者道,包括見道、修道、無學道。有沒有聽清?好!往下看:06'09"

其中外道瑜伽師一切得如前說奢摩他者，於補特伽羅無我無觀察慧觀擇而修，彼於無我不勝解故。由是或唯修此無分別止，或唯修習粗靜為相毘缽舍那，故唯以世間道而行。06'38"

其中獲得前面所說奢摩他的一切外道瑜伽師，沒有以分別觀察的智慧觀擇而修習補特伽羅無我，因為他們不勝解無我，要嘛就僅僅維繫無分別的寂止，或者僅僅修持具有粗靜行相的勝觀，所以他們就是唯以世間道前行，而不是以出世道前行的。07'08"

我們再看下一段，注意，別走神！看下一段：07'14"

又正法中佛諸弟子，若是鈍根，唯先多習寂止止修，於此多所習近，遂不樂以觀察慧於無我義觀擇而修；或雖樂修，然不能了真無我義，故於現法亦唯以世間道而行。以或唯修住分，或唯能修粗靜為相毘缽舍那故。07'48"

即使是內道的佛弟子，但是如果是鈍根者，他過去側重於依止僅僅串習寂止的止住修的這種修行者，他是鈍根的，就不樂於以分別觀察的智慧觀擇無我的義理而修持。即使他樂於修持，也無法理解無我的義理，所以那一生只能以世間道前行，因為或者只修習住分，或者僅僅修習具有粗靜行相的勝觀的緣故。由於過去串習的習慣，導致在那一生就只能以世間道前行，無法以出世間道前行。好！接著往下來，看原文：08'46"

> 又諸利根佛弟子眾，雖能悟解真無我義，若現證諦善根未熟，則於現法亦不能生諸出世間無漏聖道，故名「唯以世間道而行」，非不能修緣無我之毘缽舍那。09'11"

上面講鈍根，那利根的呢？利根的內道的佛弟子，雖然能夠證悟無我的義理，但是如果現證真諦的善根熟沒熟啊？還沒有成熟。這裡的現證真諦就是見道的意思，由於獲得見道的時候能夠現證四諦的內涵，所以現證真諦就是指見道。當利根的內道的佛弟子獲得見道的善根還沒有成熟、現證真諦的善根還沒有成熟的時候,也無法在那一生生起出世間的無漏聖道。意思就是他那一生有沒有辦法生起現證無我的聖道?是沒有辦法的。他有沒有辦法成為聖者?是無法成為聖者的。所以才稱之為「只以世間道前行」,並不是說他無法修持緣著無我的勝觀。雖然那一生還無法現證無我、獲得聖道、超凡入聖,但是仍然可以修持緣著無我的毗缽舍那,因為獲得緣著無我的毗缽舍那不一定要是聖者,凡夫也可以修持的。對吧? 10'28"

所以綜上所述,大家可以知道:有幾種補特伽羅於現法中唯以世間道行,或者以出世間道行。 10'41"

好!今天就講到這裡,謝謝大家! 10'45"

講次0140
今生以世間道前行的四種補特伽羅（二）

　　大家好！又到了我們一起學習《廣論》的時間了，你們開心吧？要注意大乘動機的策發，是為利有情願成佛來學習的。好！我們就快點開始，把《廣論》翻開391頁第3行，有沒有發現已經又往後沿了？我的意思是說：快學完了，第一輪！《廣論》391頁第3行，校訂本是120頁倒數第2行。請大家跟我一起看原文：00'53"

> 又菩薩成佛，雖一生所繫，亦於來世最後有時，加行道起共四種道生於相續；於一生所繫時，聖道不起，故名「現法唯以世間道行」，非未通達真無我義。01'18"

《廣論》段落
奢摩他校訂本：P120-LL2～P121-L3 又菩薩成……自許如是。
福智第三版：P391-L3～P391-L6 又菩薩成……自許如是。

這裡邊講到了「**一生所繫**」的菩薩,也就是距離成佛還間隔一生的菩薩,他是在下一生最後有的時候,才會在相續中生起從加行道起的後四種道,也就是加行道、見道、修道、無學道。這四種道是在最後有的那一生才會生起來,在一生所繫的時候不會生起聖道。意思就是要在成佛的那一生,才會生起加行道、見道、修道、無學道,在成佛的前一生還不會生起聖道,所以才名為「在那一生以世間道前行」,並不是說沒有證達無我的內涵。這是比較特別的一點。02'10"

那麼你們會不會想要了解什麼是「**最後有**」?就是指必定獲得涅槃的那一生,包含大乘的最後有以及小乘的最後有。大乘的最後有,就是必定會成佛的那一生,菩薩一旦到了大乘的最後有,就代表這位菩薩這一生就會成佛;小乘的最後有,就是必定獲得小乘阿羅漢果的那一生,小乘行者一旦到了小乘的最後有,就代表這位行者這一生就會獲得什麼?阿羅漢果。由於是最後一次受生三有,所以稱為「最後有」。03'01"

好!我們再學一段,看文:03'07"

此順小乘教成佛道理,如《俱舍論》云:「佛麟喻菩提,定際依一遍,前順解脫分。」非無著菩薩自許如是。 03'23"

這一段可能就是要好好解釋一下。說:這種安立的方式,是出自於哪兒?《俱舍》。於《俱舍論》中說:**「佛麟喻菩提,定際依一遍,前順解脫分。」**這是相順小乘教典中的成佛方式,並不是聖者無著論師自己的承許。那麼《俱舍論》的這個偈頌的內涵到底是什麼呢?我們先大略地解釋一下,然後再針對其中的名詞解釋。03'59"

說:導師佛陀與麟喻獨覺直至各自的菩提之間,心所依是以「第四靜慮邊際定」作為所依,從加行道一座以上,都是在一座上完成行進所有的四種道;在此之前則是行進順解脫分,就是資糧道。04'30"

這裡邊的「**麟喻**」——麒麟的「麟」——就是指麟喻獨覺。麟喻獨覺是一種獨覺，那有什麼特色呢？麟喻獨覺他本性煩惱輕微，不喜歡嘈雜，喜歡獨處，但是悲心微弱，無法廣行利他，所以在最後有的時候他就自己證悟真理，自己覺悟了。在資糧道的階段，經過一百大劫積聚資糧，在最後有的時候，就獲得加行道、見道、修道、獨覺無學道而成就獨覺菩提。就像麒麟只有一隻角，或者就像麒麟喜歡獨處，這種獨覺也喜歡獨處，不喜歡與他人共住，所以稱為「麟喻」，就是麟喻獨覺。05'26"

導師佛陀與麟喻獨覺在成就各自的菩提之間，也就是佛陀成就了無上菩提，以及獨覺所成的獨覺阿羅漢果——獨覺菩提之間，心所依是以第四靜慮邊際定，我再說一遍，第四靜慮邊際定作為所依。第四靜慮邊際定是什麼呢？它就是一種第四靜慮定。《俱舍論》認為：修行者順著次第，比如從欲界心進入第一靜慮心，乃至第二靜慮、第三靜慮⋯⋯，乃至有頂心；之後再逆著，就是從有頂心再進入無所有處心，乃至回來了，什麼？欲界心。之後再次從欲界心進入第一靜慮心，乃至第四靜慮心，這是「為一切地遍所隨順」。06'34"

如此地修持，就是從下品進而等至於中品與上品，在三品增長的最後，就進入到了第四靜慮，這樣的第四靜慮就是這裡邊所說的「邊際」。在藏文裡邊，「邊」（རབ）就有極致的意思，「際」（མཐའ）就有增長的意思。由於這樣的第四靜慮是增長的極致，所以稱為「邊際」。07'05"

「加行道一座者」，就是指在一座當中，會生起從加行道到見道之間的證德。導師佛陀與麟喻獨覺從加行道一座者開始，都是在一座上生起了什麼？在一座上生起了加行道、見道、修道、無學道這四種道。那麼在此之前則是生起順解脫分，順解脫分是什麼呢？就是資糧道。為什麼資糧道是順解脫分呢？斷除煩惱障的滅諦是解脫，見道的時候所獲得的斷除遍計煩惱障的滅諦就是解脫的一分，所以稱為「解脫分」；資糧道隨順獲得見道時的滅諦，所以稱資糧道為「順解脫分」。08'08"

總結一下，導師佛陀與麟喻獨覺先生起資糧道──就是什麼？順解脫分。之後從加行道一座者開始，在一座上生起加行道、見道、修道、無學道這四種道；而且這四種道都是以第四靜慮邊際定作為心所依，最終獲得了菩提的果位。08'38"

大師特別說這種安立的方式，是與《俱舍論》相符順的小乘教典中的成佛方式，並不是聖者無著論師自己的承許。意思是什麼？意思就是大乘宗義不是這樣承許的。大師特別說——在前面的那一段文裡提到——菩薩在最後有成佛的方式，是以小乘的教典來解釋的。09'03"

那想一想，比如彌勒菩薩現在正在哪裡？兜率天，對吧！他就當來下生，這一尊菩薩就要成就佛果位，他是不是還要再投生一次啊？只需再投生一次就會成佛的菩薩，就稱之為一生所繫的菩薩，或者說是一生補處的菩薩。菩薩在最後有的時候，就不是一生所繫、一生補處了，對吧！而是什麼？最後有。在一生所繫的時候，有沒有生起聖道？還沒有生起聖道。這是從小乘教典的角度解釋的。大乘的教典不是這樣承許的，大乘教典會承許一生所繫的菩薩一定是幾地的？是十地菩薩。不可能在一生所繫的時候還沒有登地，對不對？還沒有，那很奇怪！所以在此處大師為我們做了簡別，就是別別觀察，告訴我們應該怎麼樣看懂教典，或者怎麼去理解這件事情。10'17"

關於未來彌勒菩薩降世的情況，在《師師相承傳》裡有這樣解釋：釋迦牟尼佛的教法住世五千年，到最後的時期中，一切眾生愚癡，隨著煩惱而轉，彼此互相殘害，完全造作惡業。因此福報越來越少、越來越少，人壽也慢慢減，縮短到二十歲，到最後人壽只有十歲。那個時候就各種可怕的事情都會出現，比如說饑饉劫、瘟疫劫、刀兵劫都漸次地出現了。一切眾生將彼此互相鬥爭，如同身處地獄一般，受到種種的殘害和痛苦。11'03"

但是，似乎是越來越黑暗的時刻，光明也會出現，所以那時候至尊彌勒怙主就出現於世了！他身長就一肘那麼高，披著法衣，具足威儀，全身放著光，顯現光明。那時候的眾生一見到至尊彌勒的威儀，歎為稀有，就生起了敬仰。都問他說：「哇！您的色身如此美妙，是怎麼樣才能夠得到這樣的色身呢？」當時化身的彌勒菩薩就回答說：「我是透過修忍辱而得來的。你們也應該斷離鬥爭，修習忍辱吧！能這樣做的話，就能夠得到跟我一樣的妙相。」11'56"

由於至尊彌勒的發心加持力，使那些眾生都開始修習忍辱了，不會那麼暴力，一點小事就刀兵相向、瞋心那麼大。開始修忍辱了之後，因此福報就漸漸增長了，增長、增長，人壽也漸漸增長到二十歲、三十歲等等、等等，開始不斷地向上增長，安樂、幸福也漸漸地增長。到了人壽八萬歲的時候——已經增長到一個人可以活八萬歲，那個時候彌勒菩薩再會降世，就示現成佛了。人壽八萬歲的時候，那個時候可能我們不會說：「啊！人生不滿百，常懷千歲憂。」那時候我們應該用什麼詞呢？因為一生活八萬歲，真的是長壽啊！12'56"

在釋迦佛的教法中出家，但還沒有證得聖果的那種行者，除了發心趣向大乘的菩薩以外，都會在彌勒佛的教法中獲得解脫的果位。有在聽吧？這個一生補處的菩薩非常地美好！所以大家要好好地聽聞教典，努力地修行，不要因為這個世界上的苦難而絕望。無論是到了何種境況，你看人壽已經都剩那麼短的時候，菩薩都會來幫我們。佛菩薩承許有情界未空，他都永遠、永遠會幫忙眾生、幫忙我們。只要我們這個心一直趣向這樣的皈依，佛菩薩怎麼會捨棄我們呢？而我們又怎麼會捨棄佛菩薩呢？生命怎麼會沒有希望呢？所以大家要好好地努力，透過種善因，比如說透過忍辱、透過布施等等，持淨戒，認真地修行還是可以改變生命的。謝謝！14'23"

講次0141
奢摩他是內外道共通的基礎

大家好！很高興又到了我們一起學習《廣論》的時間了。請大家翻開《廣論》391頁第6行，《廣論》的校訂本是121頁第4行，請大家跟我一起看原文。注意喔，注意！開始看了：00'35"

> 若如是者，但凡外道修粗靜為相之道斷現行煩惱，內佛弟子修無我義根本斷除煩惱，皆須先得如前所說奢摩他定。故前所說此奢摩他，是內外道諸瑜伽師斷除煩惱依處所需。01'06"

既然如此的話，那無論是外道修持具有粗靜行相的道而斷除現行煩惱，或者是內道佛弟子修持無我的義理從根

《廣論》段落
奢摩他校訂本：P121-L4～P122-L5 若如是者……止觀二法。
福智第三版：P391-L6～P392-L1 由是外道……止觀二法。

本上斷除煩惱,都必須先獲得前面所說的奢摩他定。所以前面所說的奢摩他,是內外道兩種瑜伽師斷除煩惱的根基所在,就是必須的。意思是:內外道兩種瑜伽師斷煩惱,都必須、一定要以前面所說的奢摩他作為基礎。有沒有聽清?沒有是不可以的!接下來:02'02"

> **非唯如是,又大小乘諸瑜伽師,亦皆須修此三摩地;大乘人中,若顯密乘諸瑜伽師,一切皆須修奢摩他。故此奢摩他,是一切修瑜伽師共所行道極要根本。** 02'30"

是不是上述的一定要修奢摩他呢?說不僅如此,大乘與小乘的兩種瑜伽師都必須修持這個三摩地。在大乘行者當中,一切密乘與波羅蜜多乘的瑜伽師,也都必須修習奢摩他,所以這種奢摩他對於一切瑜伽行者行進在道中的根基而言,都是極端重要的,不可或缺。03'04"

接下來:03'07"

> 又咒教所說奢摩他,唯除所緣差別,謂緣天身,或緣標幟、咒字等而修習等,及除少分生定方便差別而外,其須斷除懈怠等五種三摩地過,及彼對治依止念知等理,其次獲得第九住心,從此引發妙輕安等,一切皆共,故此等持極其寬廣。03'45"

在眾多密乘教典當中所宣說的奢摩他,除了比如說你的所緣是本尊身,或者法器,還有種子字、咒字、咒輪等等,而修習那個定等等的所緣差別之外,還有少數生定的方法不一樣。但是都必須要斷除懈怠等五種修定的過失,以及這些的對治——依止正念與正知等的方法,進而獲得第九住心,對吧!進而獲得第九住心,並且由此生起了輕安等等。這一切是不是共通的?這一切都是共通的。所以這種等持它是極為、極為寬廣的,它是顯密都共通的。04'43"

我們再往下看。哪部經啊?《解深密經》。04'50"

> 《解深密經》於此密意宣說,大乘、小乘一切等

持,皆是止觀三摩地攝。故欲善巧諸三摩地,應當善巧止觀二法。05'09"

基於這個用意,《解深密經》中提到大小乘的一切等持,統統都攝於止觀的等持當中。因此想要善巧三摩地的話,就應當善巧止觀二者。05'31"

所以不論外道透過修學粗靜相道,暫時調伏了現行煩惱,或是內道藉由修學無我的內涵,徹底地斷除煩惱的根本,都必須以之前所說的奢摩他作為基礎,所以奢摩他是內外二道的瑜伽師想要暫時降伏煩惱,或者想要徹底斷除煩惱的根本都需要的、不可或缺的基礎。不僅如此,以內道而言,大乘或小乘;在大乘當中,不論顯教或者密教,所有的瑜伽師都必須要成辦奢摩他。所以從不同的角度、從任何的角度來觀察的話,奢摩他都是瑜伽師達到各自——你所求的目標、你所要的理想的必要條件,就要修奢摩他。06'37"

但就前面我們學過的,從奢摩他的本質來說,奢摩他只是內外共通的世間道而已,並不是內道,也不能說是小乘道、大乘道,也不能說它是密乘道,所以不應該只以獲得奢摩他為滿足。奢摩他既然是內外道共通修學的基礎,所以無論是暫時壓伏煩惱現行,還是永遠地斷除煩惱的根本,要不要修學奢摩他啊?要不要先獲得奢摩他?是都需要先獲得奢摩他的。那麼就內道而言,是不是所有的瑜伽師、所有的修行人都要修學奢摩他?大乘、顯密都需要共同修學! 07'26"

所以在奢摩他方面,除了所緣境上,無上瑜伽部有講到緣著本尊身、緣著種子字等不共的所緣之外,在奢摩他的修法上顯密是共同的。那在毗缽舍那的部分,以無上瑜伽部的修法來講,先前修奢摩他的時候,所緣的是氣、脈、明點,風息會隨著所緣的氣、脈、明點運行,這個時候就不需要再透過觀察的力量引生毗缽舍那了。注意喔,就不需要了!因為用觀察力引發身心輕安的毗缽舍那,是為了生起對空性的不共定解;而對空性的不共定解,除了透過觀察力來引生,也可以透過另外一種更殊勝的方便來引生。在無上瑜伽部裡邊,就可以透過止住力來隨順成辦毗缽舍那，就是說不需要透過觀察力，透過止住力就能成辦毗缽舍那，這是無上瑜伽部特別的不共殊勝。08'43"

妙音笑大師也曾經說過：在第八、第九住心的時候，透過圓滿次第的不共觀修，可以同時成辦奢摩他與毗缽舍那，而不是先獲得奢摩他，之後才能獲得毗缽舍那。雖然無上瑜伽當中有同時獲得止觀的方法，但是最基本的九住心、六種力、四作意，以及斷除五種過失、八作行等等的修持，這個也是共通的。09'14"

有沒有發現在這樣的學習中，止觀在我們修行中所產生的作用，和不同階段怎麼修，其實聞思的教典越廣、越深的時候，眼界會越開闊？然後就會有一種看到無垠的、遼闊的教理，在選擇當前一步要修什麼的時候，就會更加地精確，而且永遠無悔。所以一定不可以荒廢聞思就急急忙忙地用功，有的時候看起來很用功，可是因為聞思的量不夠廣、不夠深、不夠精確，反而耽擱時間。所以大家千萬不要認為：花一些時間聽法，研究教理是怎麼修的，這是浪費時間，這不是修。這是修行者最重要的一步！大家認為呢？好！今天就講到這裡，謝謝！10'18"

講次0142
生起寂止的目的（一）

總示依奢摩他趣道軌理

　　大家好！又到了我們一起學習《廣論》的時間了，這一週你們有沒有把前一講努力地聽個幾遍啊？碰到名詞解釋從來沒有聽過的，或者聽了幾遍還是找不到感覺的，就多聽幾遍，熟了就可以了，慢慢就理解。00'39"

　　好！現在我們就開始了。請大家翻開《廣論》392頁第2行，《廣論》的校訂本是122頁第6行。請大家跟我一起看原文。注意！00'57"

> 生此三摩地奢摩他作意，義雖極多，然主要所為者，是為引發毘缽舍那之證德。毘缽舍那又有二種：一、內外所共，於內道中亦為大小乘所共，僅

《廣論》段落
奢摩他校訂本：P122-LL5～P123-LL5 生此三摩地……脫生死故。
福智第三版：P392-L2～P392-LL6 生此三摩地……脫離生死。

> 斷現行煩惱粗靜為相毘缽舍那；二、唯佛弟子內道別法，畢竟斷除煩惱種子、無我實性為相毘缽舍那。01'34"

這一段在講些什麼呢？說生起這樣的等持寂止作意的目的——你為什麼要修定——極其繁多，這裡邊的「**義雖極多**」的「義」就是「目的」的意思。生起奢摩他的目的——就是目標，雖然非常非常地多，但它最主要的目的，就是為了引發毘缽舍那的證德。是這樣嗎？那為什麼要引發毘缽舍那？要斷除煩惱啊！對吧？毘缽舍那當中又有兩種：第一種是僅僅斷除現行煩惱的具有粗靜行相的毘缽舍那。這個是內外道所共通的，並且在內道當中也是大小乘共通的；第二種就是要徹底地斷除煩惱種子，具有無我真實性行相的這個毘缽舍那。它是屬於內道佛弟子的特法，外道是沒有的，唯佛教有。02'45"

我們再往下看，原文：02'50"

> 前是圓滿支分，非必不可少，後是必不可少之支。

> 故求解脫者，應生能證無我實性毘缽舍那。03'07"

其中前者，就是指僅僅斷除現行煩惱、具有粗靜行相的這個毘缽舍那，只是圓滿的支分，並不是必不可少；那麼後者，就是徹底斷除煩惱種子、具有無我真實性行相的這個毘缽舍那，是必不可少的支分。所以希求解脫者，應當生起證悟無我的真實性的毘缽舍那。03'41"

這個「**圓滿支分**」是指──對於獲得解脫而言並不是必不可少，但是具有這樣的功德的話，對於獲得解脫會有所幫助的條件；修行者並不是必須要修持具有粗靜行相的毘缽舍那才能獲得解脫，然而修持具有粗靜行相的毘缽舍那有助於壓伏現行煩惱，所以稱為「圓滿支分」。那麼「不可少的支分」，是指對於獲得解脫而言，必不可少的條件；修行者必須要修持證得無我、具無我相的毘缽舍那，才能獲得生死的解脫──從輪迴中解脫，除此之外沒有其他的方法，所以稱為不可少的，注意！不可少的支分。04'43"

好！我們接著再往下看：04'49"

此復若得如前所說第一靜慮近分地攝正奢摩他，縱未獲得彼止以上靜慮或無色奢摩他，然即依彼止修習勝觀，亦能脫離一切生死繫縛而得解脫。 05'11"

如果獲得了如前所說第一靜慮近分定地所攝的奢摩他，即使還沒有獲得這個以上的靜慮或無色奢摩他，但是依此而修持勝觀，就能夠獲得脫離一切輪迴束縛的解脫。只要獲得了第一靜慮近分定的這個奢摩他，即使沒有獲得第一靜慮根本定以上的奢摩他，但是在第一靜慮近分定的基礎上，修持什麼？修持勝觀，就是毗缽舍那，也能夠獲得解脫的果位。精彩吧！我們往下看。05'56"

若未通達、未能修習無我實性，僅由前說正奢摩他，及依彼所發世間毗缽舍那，斷無所有下一切現行煩惱，得有頂心，亦終不能脫生死故。 06'20"

如果不證達、不修持無我真實性，即使透過前面所說的奢摩他,以及依止這個奢摩他而生的世間的毗缽舍那,獲得了多高的定呢?獲得了斷除無所有天以下一切現行煩惱的這個有頂心,但是也無法從輪迴中解脫。06'49"

那麼這裡邊說的「**有頂心**」是指什麼?就是指有頂定所攝的心。當修行者獲得有頂定的時候,就獲得了有頂心。並不是一切有頂天所攝的心都是有頂心,例如與有頂煩惱相應的這個心,雖然是有頂天所攝的心,但是它不是有頂心。07'16"

那我們就可以觀察一下,這個兩種毗缽舍那當中,對於某些條件不足、一時還無法接受無我的有情而言,他為了遠離痛苦而修習粗靜相道,藉此壓制了粗猛的煩惱。對於具器的佛弟子來說,在追求解脫的路上,雖然修學粗靜相道並不是必要的,但是通達無我的毗缽舍那卻是不可或缺的條件,對吧?為什麼這麼說呢?因為縱然你獲得了前面所說的第一靜慮近分定所攝的這個奢摩他,就是近分定、未到地定,即使沒有藉此修學粗靜相道而成就色界、無色界這些根本定,但是在了解了——注意喔!在了解了無論投生三界中的任何地方，注意！三界中的任何地方投生了，都是輪迴所攝、都在死主的牙縫裡。08'23"

那麼，以第一靜慮近分定所攝的奢摩他為基礎，這個行者進而修學通達無我的毗缽舍那，最終還是能脫離輪迴中的一切束縛，獲得解脫。相反地，如果沒有證得、沒有一再地串習無我的內涵，只是透過前面所說的奢摩他以及世間道的毗缽舍那，縱能暫時調伏——注意喔——無所有處以下的所有的現行煩惱，就是獲得了最高的那個有頂的根本定，但是能不能從輪迴中跳脫出來呢？依舊無法從輪迴中跳脫出來！但相反地，你的定修到第一靜慮未到地定，修到這個部分，如果用這個未到地定來修證無我的話，是可以跳出生死輪迴的！09'27"

大家有沒有發現？透過學教理之後，我們會知道：欸，那個要竅在什麼地方，自己修行的時候就知道這個定是怎麼樣幫助慧。那幫助慧要做什麼呢？修奢摩他就是為了要解脫生死輪迴——令自他脫離生死輪迴。所以這個修定的目的是非常清晰的、非常必要的！為什麼呢？就是為了修行空性啊！令自他都脫離老死的繫縛，乃至究竟成佛。10'00"

學到此處，你們是不是很生歡喜心呢？我是很開心的！這一段時間，我已經沒有在每一講都說：希望聽完的時候，如果你很生疏，聽幾遍，甚至聽七遍。因為奢摩他學完了第一輪之後就進入毗缽舍那了，所以我還是希望大家能熟悉一些，就重複聽一下。有不懂的地方，法師可能錄帶子或者錄影給大家解釋，所以不要錯失這個大好的學法的機會，要用功學習！謝謝！ 10'44"

講次0143
生起寂止的目的（二）

大家好！又到了我們一起學習《廣論》的時間了，請大家翻開《廣論》392頁第8行，《廣論》校訂本是第123頁第6行，請大家跟我一起看原文。有沒有準備好你的注意力？00'38"

> 如是亦如《讚應讚論》中〈讚無以為報〉云：「未向尊正法，癡盲諸眾生，乃至上有頂，苦生感三有。若隨尊教行，雖未得本定，諸魔正看守，而能斷三有。」01'06"

《讚應讚》是馬鳴菩薩著作的，大家都熟悉馬鳴菩薩吧？菩薩原本是一位數論派外道——示現為這樣，後來被

《廣論》段落
奢摩他校訂本：P123-LL5～P124-L5 如是亦如……次第時生。
福智第三版：P392-LL6～P393-L1 如讚應讚……次第時生。

聖天菩薩降伏而皈依了佛門，為了淨除往昔信奉外道的這些罪過，所以寫了這部讚文來讚歎佛陀的功德。馬鳴菩薩對佛陀的功德深生敬信，再加上他又精通辭藻，所以這部讚文文情並茂、非常好看，而且扣人心弦。01'54"

說一下目錄吧！你們聽一聽我們《廣論》中所引的是第幾品？注意聽喔！02'04"

這個讚文總共分十三品：〈讚難讚品第一〉、〈讚禮敬品第二〉、〈讚成一切智品第三〉、〈讚力無所畏品第四〉、〈讚語清淨品第五〉、〈讚無諍品第六〉、〈讚順梵說品第七〉、〈讚饒益品第八〉、〈讚無以為報品第九〉、〈讚身一分品第十〉、〈讚舌品第十一〉、〈讚發厭離諸有品第十二〉、〈喻讚品第十三〉。03'02"

有沒有聽到〈讚無以為報品〉是第幾品？是這部讚文中的第九品。讚歎佛陀的功德就如同日月一樣，無私普照，佛陀的一切所作所為只是為了利他、唯有為了利他。既然佛陀對眾生的饒益是無量無邊的，而且是剎那也不會停、盡未來際永恆不會停的，那我們對於這樣的一位佛陀，應該如何報答他的恩德呢？馬鳴菩薩應該是深入地思考了這個問題，所以他就寫了這一品，這一品才被稱為〈讚無以為報品〉。04'07"

巴梭尊者在《四家合註》中有解釋這段文——在《讚應讚》中的這個〈讚無以為報品〉說什麼？說：「沒有朝向您的正法、由於愚癡而盲目的眾生即使達到了有頂天，痛苦縱然暫時不會現行了，但是仍會再度反覆出現，並且造成三有的輪迴。而隨行世尊您的教法的人，縱使還沒有獲得靜慮根本定，由於依靠近分定而修持無我的義理，也能在魔羅的雙眼注視之下，魔羅也無力阻攔，而遮除了三有輪迴。」簡要地說，這句話的意思就是：魔王波旬是統領一切欲界之主，但修行者能在欲界之主眼睜睜地看著的情況下，在他眼皮底下超越了欲界，或者說在他眼皮底下就破除了貪欲。05'21"

馬鳴菩薩也在《讚應讚》中說過：背離佛法的外道，由於不了解無我的道理而被愚癡蒙蔽了雙眼，就像盲人一樣；此時即使透過修學粗靜相道，最終投生到了有頂天，但是當投生到有頂天的業力成熟完了之後，那一生的果報已經完了，他就不能繼續再停留在有頂天的狀態。那是不是向超越有頂天的狀態去呢？沒有！他會墮落，會向下墮落，而且再次地被生死中的種種痛苦所逼迫。那麼，追隨世尊的佛弟子，在生起第一靜慮的近分定之後，即使還沒有獲得第一靜慮的根本定，就是還沒有獲得初禪根本定，看起來是定力比較微弱的狀態下，依靠這樣的定力就能在魔王雙眼的注視下，透過修習通達無我的毗缽舍那，而獲得了什麼？解脫，超越三有了！是不是很厲害？是我們所期待的。06'55"

好！我們再往下看。看原文：07'03"

> 是故當知一切預流、一來能得聖道毗缽舍那所依之奢摩他，即前所說第一靜慮近分所攝正奢摩他；如是一切頓行諸阿羅漢，亦皆唯依前說正奢摩他而修毗缽舍那，證阿羅漢。07'32"

這段在講什麼呢？說因此我們應當了知，了知什麼？能獲得一切預流、一來聖道的毗缽舍那，成為這樣的毗缽舍那所依的奢摩他，就是前面所說的第一靜慮近分定所含攝的奢摩他；同樣地，即使是一切頓行阿羅漢，也完全是依靠前面所說的奢摩他而修持毗缽舍那，由此獲得了阿羅漢果。08'07"

　　這裡邊出現了「頓行阿羅漢」，頓行阿羅漢是一種阿羅漢，他是跟誰比叫頓行呢？他跟漸行阿羅漢比叫頓行，所以他是與漸行阿羅漢相對而言。那為什麼稱之為「頓行阿羅漢」呢？現在就要從要斷多少品煩惱開始，就是將八十一品修道所斷煩惱分為九組──一組是多少？一組是九品，對吧？分九次斷完八十一品修道所斷煩惱的這個阿羅漢，就是頓行阿羅漢。很顯然，不分九次，比九次多的，就叫「漸」了。由於他頓斷了三界九地的初品煩惱，乃至頓斷三界九地的第九品煩惱，所以稱之為什麼？稱之為頓行。你說：「那漸行怎麼走呢？」漸行怎麼，往後再說。先往下，我們再往下看，看原文：09'26"

> **若相續中先未獲得前說奢摩他定，必不得生緣如所有或盡所有毘缽舍那真實證德，後當宣說。**09'41"

如果相續中沒有先生起前面所說的奢摩他定，就不可能生起緣著如所有性或盡所有性的真正的毘缽舍那的證德，為什麼呢？這個將在下文說明。那下文大家繼續看，注意喔！注意！繼續看：10'02"

> **故修無上瑜伽諸瑜伽師，雖未發起緣盡所有粗靜為相毘缽舍那，及彼所引正奢摩他，然須生一正奢摩他。此復初生界限，亦是生起、圓滿二次第中初次第時生。**10'29"

這一段很顯然講到無上瑜伽部的瑜伽師，那我們看看這一段。說因此無上瑜伽部的瑜伽師，他即使沒有生起緣著盡所有性的具有粗靜行相的毘缽舍那，以及由此所引生的奢摩他，他也必須生起一種奢摩他。而最初生起奢摩他的界限是在什麼地方呢？是在生起次第與圓滿次第兩種次第當中，第一個次第的階段生起來。也就是在哪個次第？

在生起次第的時候，會生起最下的奢摩他未到地定。11'19"

那麼這一段說無上瑜伽部的瑜伽師，雖然不見得都修學了緣著粗靜行相的盡所有性的毗缽舍那，以及由此所生的奢摩他，但要不要生起奢摩他？是必須的！仍然必須生起奢摩他。那麼生起奢摩他的界限在哪兒呢？這是就無上瑜伽部的，最初生起奢摩他的界限，是在生起次第的階段時生起。強調了必須生起奢摩他的重要性，和生起奢摩他的界限。11'59"

有沒有聽清楚？希望大家覺得沒聽清楚的地方反覆地聽幾遍。尤其是在魔王的注視下，超越了三界這麼大的勝利。這一種不用放很大的力氣就能超越生死的勝利，每一個修行者都想要得到，所以我們要好好地積聚得到它的資糧，廣發正願！12'31"

好！今天就講到這裡，下週見！12'36"

講次0144
生起寂止的目的（三）

　　大家好！很高興又到了我們一起學習《廣論》的時間了，你們開心嗎？開心的點是什麼呢？首先我們遇到了清淨圓滿的大師的教法，遇到了之後我們又能生起信心，生起信心又能夠隨學教典，隨學了之後又能不間斷繼續學——學完奢摩他之後還要學毗缽舍那。00'50"

　　好！《廣論》393頁第1行，《廣論》校訂本的部分是第124頁第5行。有準備好嗎？請大家和我一起看原文：01'11"

　　總之，「先應發起正奢摩他，次即依彼，或由粗靜為相毗缽舍那，漸進諸道乃至有頂；或由無我實性

《廣論》段落
奢摩他校訂本：P124-L5～P124-LL2 總之，「先應……趣上道軌。
福智第三版：P393-L1～P393-L4 總應先生……趣上道軌。

> 為相毘缽舍那，往趣解脫或一切智之五道者，是總佛教法印所印。故任何等修瑜伽師，皆不應違越」，是為總顯依奢摩他趣上道軌。01'52"

總而言之，「要先生起一種寂止，接著必須依此而透過具有粗靜行相的勝觀，漸次地行進於道，直到有頂；以及透過具有無我真實性行相的這個勝觀，趣向於解脫或者一切遍智的五種道，這個就是總體佛陀聖教的法印所封印，所以任何的瑜伽師都不應該違越。」這就是總體闡述依靠寂止而邁向更高修道階梯的方法。02'43"

這個是很權威的見地，一個修行者是不可以超越的。有的善知識形容說：就像一個總體的中線，或者蓋上了國王的御印一樣，它是不能動搖的。因為你動搖了就到了另一個地方，就不會達成自己的願望。03'05"

所以生起奢摩他雖然有許多種不同的意義，但最主要的意義是為了什麼？得定的意義到底是為了什麼？是為了生起種種證德？為了自己的身心很舒暢？還是什麼？最主要的是為了引發毘缽舍那的證德，了脫生死！毘缽舍那又有兩種：第一種是內外道、大小乘所共。就是能夠暫時降伏煩惱現行粗靜行相的毘缽舍那。第二種，是只有內道佛弟子才具有的特法，注意！只有內道佛弟子才具有的特法，是什麼？畢竟斷除煩惱種子，就是修習無我真實行相的毘缽舍那。做什麼？了脫生死啊！這才是佛教也是內道的不共法。那不共法是什麼？是空性對吧？就是毘缽舍那。04'20"

對於解脫來說，注意！對於解脫來說，具有粗靜行相的毘缽舍那也有幫助，但它不是必不可少的。但是修持空性的毘缽舍那是不是必不可少的？那一定是必不可少！因為如果只獲得第一靜慮前行的奢摩他，即使沒有獲得第一靜慮的根本定——初禪根本定，也可以透過第一靜慮前行的奢摩他修習什麼？修習通達無我的毘缽舍那而獲得什麼？而獲得解脫。05'06"

但是如果不了解空性，僅僅透過第一靜慮前行的奢摩他修習粗靜行相的毘缽舍那，能獲得第一靜慮根本定，然後壓伏了什麼？粗分的欲界煩惱。之後再透過第一靜慮根本定的奢摩他修習粗靜行相的毗缽舍那，進而獲得第二靜慮根本定，壓伏粗分第一靜慮煩惱。同樣的方式輾轉、輾轉、輾轉，一直修到非想非非想定，也就是什麼？有頂定。能不能脫離生死？記住！仍然無法脫離生死。05'57"

那小乘的修行者在見道位的時候所獲得的果位，注意！小乘的修行者在見道位的時候所獲得的果位，如果是四果中的初果預流果、二果一來果，內心所具有的這個禪定達到什麼樣的境界呢？注意！那只是屬於第一靜慮未到地定的境界而已呀！為什麼那時候他還沒有獲得第一靜慮根本定呢？因為要獲得第一靜慮根本定必須要對欲界的煩惱離欲，壓伏粗分的欲界煩惱，這樣就不會再來欲界了。當得到三果不還果的時候，會不會來欲界了？不會了！不會由於業惑的力量再來欲界了，所以稱為什麼？所以稱為「不還」。06'58"

獲得預流果和一來果，因為還沒有得到第一靜慮根本定，所以還沒有完全斷除欲界煩惱。那麼預流的聖者，因為還有欲界煩惱，所以他在哪兒繼續修行？還會在欲界中繼續修行。一來的聖者，因為已經對大部分的欲界煩惱，怎麼樣了？離欲了。只需要再投生欲界一次，就能夠對欲界煩惱徹底離欲，所以叫作「一來」。07'40"

從小乘的角度來說，能透過第一靜慮近分定所攝的奢摩他來獲得見道果位，所以第一靜慮近分定所攝的奢摩他，也就是最初獲得的奢摩他，用這個奢摩他去證悟空性的力量，能讓我們獲得聖者的果位。有沒有很神奇？有沒有很開心？說：「修定很難修、很難修！」你只要修到未到地定就已經很厲害，就可以獲得聖者果位了！有沒有聽清？08'28"

那麼頓行阿羅漢，注意！頓行阿羅漢只會依靠第一靜慮近分定所攝的奢摩他，修習通達無我的毗鉢舍那來對治煩惱。就是把三界所攝的修道所斷煩惱分為幾次斷除？分為九次。08'55"

上上根的阿羅漢，他不願意花費這麼多的時間，因為他覺得太麻煩了！他沒有先透過粗靜行相的這個毗鉢舍那壓伏粗分煩惱，然後再徹底斷除煩惱根本，他不是這樣走的。那他怎麼走的？一定是從一開始路就不一樣吧！他是從一開始就直接從煩惱的根本下手。那怎麼下手呢？就透過修持無我、四諦十六行相等等，然後把三界九地的八十一品修斷煩惱分為九次就斷完了。怎麼斷？他在壓伏欲界的時候，色界、無色界的第一品煩惱就這樣順著全斷一遍。不需要像其他小乘行者那樣，按著次第，先壓伏欲界煩惱，壓完了之後，再壓伏第一靜慮的煩惱，然後再壓伏什麼？第二靜慮的煩惱，這樣依次輾轉。10'15"

那麼把三界九品的煩惱分為九次而斷除，是怎麼個斷除法呢？就是把欲界上上品——注意喔——欲界上上品、第一靜慮上上品、第二靜慮上上品，一直到什麼？有頂上上品，三界九地的上上品煩惱一起連根斷除，它是縱向，對不對？從欲界，然後到第一靜慮、第二靜慮，一直到有頂的上上品，全部一起連根斷除！然後再把欲界、色界、無色界的三界九地的上中品煩惱一併斷除；再同時斷除欲界、色界、無色界三界九地的什麼？上下品的煩惱，如此地輾轉、依次同時斷除中上、中中、中下，以及三界的下上、下中、下下品煩惱。11'17"

所以依靠第一靜慮近分定所攝的奢摩他，也能夠讓我們獲得阿羅漢的果位。這個最初獲得的奢摩他，就像一把鋒利的斧頭一樣，非常地好用。但是要運用好這把斧頭，必須要證得無我的智慧，如果沒有無我的智慧的話，就像一個力量很微弱的人，他舉了一把利斧，可是能為自己做什麼呢？他傷害不了煩惱的根本。有沒有聽清？用這樣的奢摩他的力量，完全可以傷害煩惱的根本！12'04"

那我們就想想：哎！那我獲得奢摩他這樣的未到地定會很難嗎？前面講了那麼多，其實一點點地學下來，有那麼困難嗎？也沒有那麼困難。但是這樣的止力或者說未到地定，它卻可以傷害煩惱的根本——究竟是因為什麼？證得無我的毗缽舍那，對吧！所以要期待學習毗缽舍那，非常值得期待！謝謝！12'44"

廣論止觀初探

別顯往趣世間道軌

講次0145
修粗靜為相之道前須獲得寂止

大家好！又到了我們一起學習《廣論》的時間了，今天我們要學《廣論》393頁第5行，校訂本是124頁最後一行。00'31"

在學習之前，大家要觀察自己的相續，看一看有沒有一個哪怕是造作的、相應於大乘的動機——為了利益無窮無盡的如母有情，我要去希求無上菩提，為了這樣的一個目標來學習今天的《廣論》。00'50"

為什麼要一直提策自己這樣的目標呢？01'00"

因為如果沒有一個最究竟的目標攝持我們的善行，多

《廣論》段落
奢摩他校訂本：P124-LL1 ～ P126-L1 第三、別顯……離欲道故。
福智第三版：P393-L5 ～ P393-LL1 第三顯示……離欲道故。

半感得的果就沒有那麼淵遠流長,所以師父就希望我們在做事的時候、在聽法的時候,一定要注意自己的發心。01'23"

今天我們要學習「**別顯往趣世間道軌**」,請大家跟我一起看原文。準備好了嗎?01'35"

第三、別顯往趣世間道軌,分二:一、顯往粗靜為相之道先須獲得正奢摩他;二、依奢摩他離欲界欲之理。今初:01'54"

這是到第幾科了?到第三科了。第三科說明一個什麼樣的道理呢?特別說明行進於世間道的道理,這個道理分為兩科:一、說明行進於具有粗靜行相之道前,必須獲得寂止;第二個是,依靠寂止而對於欲界離欲的方法。現在我們就來看第一科,往下看:02'29"

由了相門修粗靜為相之道,先須得前說正奢摩他。以《莊嚴經論》云:「彼令此增已,由長足增長,

> 故得根本住。」謂得前說第九住心及諸輕安，彼令增長此三摩地，依之引發根本靜慮。03'01"

說透過了相而修持具有粗靜行相的道，要怎樣呢？必須先獲得前面所說的這個寂止。還記不記得「粗靜行相的道」是什麼意思？是不是分為上地和下地？要觀察上地為寂靜、下地為粗劣，透過這樣的觀察、這樣的修持對下地離欲的道，就是什麼？粗靜行相的道。03'36"

因為《經莊嚴論》中說：「彼令此增長以後，由於長足地增長，便能獲得根本定的安住。」這一段《經莊嚴論》的文，是說獲得前面所說的第九住心以及輕安，依靠增長等持而修成了什麼？修成了根本定。妙音笑大師在《色無色廣論》中也說過：「**彼令此增已**」的「彼」是指七種作意，那麼這個「此」是指什麼意思呢？「此」是指獲得了輕安的三摩地。意思是透過了七種作意，能讓獲得輕安的三摩地增長，增長到什麼程度？進而獲得根本定。04'25"

好！我們接著往下看。注意喔，注意！ 04'30"

此復說從第九心起，乃至未得作意之間，是為作意初修業者；得作意已，欲淨煩惱修習了相作意時，是淨煩惱初修業者。故修了相者，是先已得作意。 04'57"

又提到了：從第九住心開始，一直到還沒有獲得作意之間，是作意的初業行者；從獲得作意開始，想要淨化煩惱而修持了相作意，就是淨化煩惱的初業行者。所以修持了相者要先獲得作意——這裡的「作意」是什麼意思？就是指奢摩他。所以一定是先獲得奢摩他，之後才能修了相作意。那麼什麼是「**了相作意**」呢？了相作意就是指：獲得了寂止之後，各別各別區分觀察上地功德與下地過失的作意。由於各別了知上地與下地的性相，所以稱之為「了相」。有沒有清楚？好！再往下看。 05'59"

如《聲聞地》云：「云何作意初修業者？謂專注一緣，乃至未得作意，未能觸證心一境性，是名初修

業者。云何淨煩惱初修業者？謂已證得所修作意，於諸煩惱欲淨其心，由此了相作意發起，為能受取而勤修習。」〈第四瑜伽處〉起首亦說已得作意，次修世間及出世間離欲道故。06'39"

因為《聲聞地》中說：「其中作意的初修業者，在專注一境的狀態下，只要還沒有獲得作意，還沒有觸及一心專注之前，他就是什麼？就是初修業者。那麼其中淨化煩惱的初修業者又是指什麼呢？就是指獲得了作意，想要淨化內心的煩惱，從了相作意開始，為了能受取而串習。」《聲聞地》中的〈第四瑜伽處〉的起首也提到了：獲得了作意之後，修持世間與出世間的離欲之道。格西拉有解釋說，這裡的「**能受取**」及「**勤修習**」者，是想要淨化煩惱的了相作意；所受取者，是將來要獲得的勝觀。意思就是透過能淨化煩惱的了相作意，將來能獲得勝觀。07'53"

語王尊者在《四家合註》中有說，有些版本的《聲聞地》中說：「透過非等引地的作意，將諸欲視為粗劣，將第一靜慮視為寂靜之相。」依據這段文，某些西藏的先輩大德以及在《金鬘論》中也有提出：具有粗靜行相的第一靜慮近分定了相作意，是非等引地所攝，也就是欲界地所攝。「非等引地」是指什麼？就是指欲界。08'33"

但是在《俱舍論自釋》，還有《集論最勝子釋》，以及一些《聲聞地》的正確譯本中說：「透過等引地的作意，將諸欲視為粗劣，將第一靜慮視為寂靜之相。」卻提到這樣的了相作意是被等引地所攝。注意！是被等引地所攝。「等引地」是指超出欲界地的上界地，注意！是超出欲界地的上界地，這也是《菩提道次第論》的密意。那麼注意！針對同一段《聲聞地》的文，有些地方所引的《聲聞地》說了相作意是被等引地所攝，可是有些所引的《聲聞地》是說了相作意是被非等引地所攝。有沒有發現，都是有經典依據的喔！看起來是不是完全相反了？那這個時候怎麼辦呢？09'42"

以前也碰到這樣的問題，就會問仁波切。然後仁波切說：「看似相反的東西，是由於自己沒有會通，然後就說經典相互矛盾，這個要自己把它找到會通之處。」我們都覺得：這完全相反的，怎麼找到共同呢？那就看看妙音笑大師在《色無色廣論》中是怎麼讓我們理解這一段。10'09"

在《色無色廣論》中說——注意——了相作意包含等引地所攝與非等引地所攝兩種，如果在上界修持了相作意，這樣的了相作意就是等引地所攝，也就是上界地所攝；如果在欲界修持了相作意的話，那這樣的了相作意就是非等引地所攝，也就是什麼地所攝？也就是欲界地所攝。舉例子來說：如果在色界修持第二靜慮的了相作意，這樣的了相作意就是等引地所攝，對吧？那如果在欲界修持第二靜慮的了相作意，這樣的了相作意就是非等引地所攝，所以第二靜慮的了相作意中，有等引地所攝與非等引地所攝，幾種啊？兩種。有沒有聽清？11'15"

喔！原來是從這一條路岔出去的。原來這個了相作意的範圍，它是這麼大的一個範圍。有沒有得到啟示？當我們發現：哇！都是有依據的、都是相反的地方，就多去再看看其他教典，有的善知識就把這種非常難以會通的東西，非常輕鬆地會通了。然後我們就不用覺得經典是相互矛盾的：啊！百轉愁腸難以決定，最後還觀過。要廣學、深學！ 11'52"

初修業者可以分為幾種？兩種。第一種、作意初修業；第二種、淨煩惱初修業。透過修學九住心還有沒生起奢摩他之前，這個階段稱為「作意初修業」；獲得奢摩他之後，為了斷除煩惱所做的了相作意，稱為什麼？稱為「淨煩惱初修業」。這個名字很悅意喔！淨煩惱初修業。因此，在獲得了相作意之前，注意！要不要獲得奢摩他？是必須要先獲得奢摩他。 12'38"

對於這一部分的內容，如果更加詳細地再解釋的話，所謂的「近分定」，是不是指獲得根本定的前行呢？它有一個名字叫什麼？又稱「未至定」，也就是「未到地定」。以第一靜慮為例，第一靜慮的近分定知不知道有幾種？有七種。單純的初修業作意、了相作意、勝解作意、遠離作意、攝樂作意，還有觀察作意及加行究竟作意，七個。《聲聞地》中又提到第一靜慮有七種作意，就是了相作意、勝解作意、遠離作意、攝樂作意、觀察作意、加行究竟作意、加行究竟果作意。在這七種作意中——注意——前六種作意是近分定,最後一種作意是根本定。這七種作意到底什麼內涵呢?關於七種作意的內涵,後面大師會為我們解釋,可以好好地學一下。14'03"

今天就學到這裡,謝謝大家! 14'10"

講次0146
了相作意並非第一靜慮之首

大家好！很高興又到了我們一起學習《廣論》的時間了，你們有很高興嗎？如果歡喜的話，我們做的善業會成倍、成倍地增長，這個是有經典依據的。今天我們要學《廣論》393頁最後1行，在校訂本中是126頁第2行。開始囉！有沒有準備好？專注！請大家跟我一起看原文：00'49"

> 又先修成如前所說正奢摩他，次修世間及出世間毘缽舍那斷煩惱理，於餘對法論中，亦未明顯如此極廣宣說。故見往昔善巧上下《對法》諸先覺等，於此先修專住一緣正奢摩他，及依於彼斷煩惱理，皆未能顯。01'28"

《廣論》段落
奢摩他校訂本：P126-L2 ～ P127-LL5 又先修成……毘缽舍那。
福智第三版：P393-LL1 ～ P394-LL4 又先具足……毘缽舍那。

這段是在講什麼呢?是說:先修成前文《聲聞地》中所說的寂止,接著要修成世間與出世間的勝觀進而斷除煩惱的方法,在其他對法的教典當中,沒有清晰地做出如此極其詳盡的闡釋。因此見到過去善巧精通上下《對法》的先輩大德,也無法清晰地提出先修成專注一境的寂止,之後依此斷除煩惱的方法。那麼在這裡邊,上部《對法》指的就是《阿毘達摩集論》,是無著菩薩所造的;下部《對法》就是指《阿毘達摩俱舍論》,是世親菩薩所著作的。好!接著往下看:02'31"

故若未能善解此《聲聞地》所說,便覺靜慮、無色最下之道,是初靜慮之近分。於彼說有六種作意,初是了相。故起誤解,謂初生近分攝心,即了相作意。 02'56"

這裡邊說了一個誤解。因此如果沒有善加定解《聲聞地》所說的這些內容,就會產生一種誤解,認為靜慮、無色最初階段的道就是第一靜慮近分定。其中提到有六種作意,就是了相作意、勝解作意、遠離作意、攝樂作意、觀察作意,還有加行究竟作意。

這六種作意中的第一種就是了相作意,因此最初生起的近分定所含攝的心,就是了相作意。問大家:這是對的、還是錯的?

這是一種誤解! 03'40"

這個誤解是怎麼產生的?「你沒有善加定解《聲聞地》!」就是看書沒好好看,沒有好好看經中所說這些道理,認為:靜慮及無色中的最低道是第一靜慮的近分定,而且《聲聞地》中又說第一靜慮的近分定有了相、勝解、遠離、攝樂、觀察、加行究竟六種作意。其中第一種作意是什麼?就是了相作意,所以誤認為了相作意就是第一靜慮近分定之首。沒有好好看就會這樣喔!那我們看一看大師是怎麼破斥這種誤解的呢?看書:04'27"

若如是計,極不應理,以若未得正奢摩他,必不能生初靜慮之近分;若未得此近分,定不能得奢摩他故;又復了相是觀察修,故由修此,若先未得正奢摩他,不能新生故。04'55"

大師說：這麼認為是極不合理的，有幾個原因——第一個原因，是因為還沒有獲得寂止，就無從生起第一靜慮近分定；同樣地，還沒有獲得第一靜慮近分定，就不能獲得寂止。最初獲得第一靜慮近分定，與最初獲得奢摩他是同時的，獲得其中的一者必定獲得另外一者。第二個原因：因為了相作意是觀察修，因此要透過修持了相作意，先前未獲得寂止就無法新修成的緣故。05'40"

　　認為「了相作意就是第一靜慮近分定之首」這種想法，問大家是不是合理的呢？是不合理的！為什麼呢？因為奢摩他與第一靜慮的近分定二者，在最初是同時生起的還是不同時生起的？在最初是同時生起的。如果沒有獲得奢摩他，就無法生起第一靜慮近分定；相同地，如果沒有獲得第一靜慮近分定，也就等同還沒有獲得什麼？沒有獲得奢摩他。另外一點是什麼？就提到了觀察修，對吧？由於了相作意是要觀察上下地的功過，屬於觀察修，如果先前還沒有獲得奢摩他，只是透過觀修的話，有辦法修成奢摩他嗎？是沒有辦法修成奢摩他的。對不對？合理！06'37"

好！我們再往下看。會不會太快？你們還可以嗎？看書：06'46"

又如先引《本地分》文，欲界心一境性無諸輕安；《解深密經》等說，未得輕安即不得止。故若未得第一近分，即未能得正奢摩他。07'08"

如同前面所引的《本地分》的文中說：欲界的專注一境中有沒有輕安？沒有輕安。而《解深密經》等提到，如果還沒獲得輕安的話，就無法修成寂止。所以如果還沒有獲得第一近分定，就不會獲得什麼？不會獲得寂止。接著再往下看：07'40"

故初近分六作意之最初者，是修近分所攝毗缽舍那之首，非僅是第一近分之初，其前須成近分所攝奢摩他故。08'01"

因此，第一近分定六種作意之首也就是了相作意，這是修持近分定所包含的勝觀的一個起始，並不是單純第一近分定的起始,因為在了相作意之前,還必須修成近分定所含攝的寂止。08'25"

他宗之所以產生誤解,認為了相作意就是第一靜慮近分定之首,為什麼?為什麼?是因為不了解第一靜慮近分定六種作意是指「修持近分定所攝毗缽舍那的作意」,並不是「單純近分定的作意」。對不對?單純的初修業作意,是近分定修持奢摩他的作意所攝;從了相作意開始的六種作意,則是近分定中修持毗缽舍那的作意所攝。09'08"

複雜嗎?還好吧!如果覺得有點快,深呼吸!再看我今天要講的最後一段:09'29"

> **未得初近分所攝三摩地前,一切等持唯是欲界心一境性。若依諸大教典所說,現見得奢摩他者亦極稀少,況云能得毘缽舍那。09'52"**

在還沒有獲得第一近分定所攝的三摩地以前,一切等持都只是欲界的一心專注。因此如果是依照諸大教典而說，先不用說勝觀，即使是獲得了寂止都是極其稀少的。10'16"

了相作意雖然是第一近分中六種作意之首，但是那只是毗缽舍那所攝近分定之首，而不是第一近分定之首。因為在了相作意之前，必須要做什麼？必須要先有奢摩他所攝的近分定，它是一個非常單純的初修業作意。在還沒有獲得第一近分定所攝的三摩地以前，所有的三摩地都是屬於欲界心一境性，所以假如依循著經論的內涵來檢視的話，真正獲得奢摩他的人實在是太稀少了，何況還能得到毗缽舍那呀！11'05"

這段經文激勵我們要好好認真地學教典，並且依著教典努力地修持，在內心中生起如大師所講的這樣的道，進而做什麼？去求取無上菩提。11'30"

如果你們覺得有點複雜，其實重複幾遍就可以了。重複了之後就不覺得陌生，反而覺得：「欸！是這個道理。」然後你就會獲得一種輕鬆感。好！下期再見。11'55"

講次0147
依靠寂止而對欲界離欲的方法

大家好！又到了我們一起學習《廣論》的時間了。今天我掐指一算，還有大概 7、8 講，我們就學完第一輪的〈奢摩他〉了，你們覺得開不開心？所以要打起精神來專注地聽聞。今天我們要學《廣論》394 頁倒數第 3 行，校訂本是 127 頁倒數第 4 行。好！請大家和我一起看原文：00'58"

第二、**依奢摩他離欲界欲之理：唯修前說具足明顯、無分別等眾多殊勝正奢摩他，全不修習二種勝觀，不能暫遮欲界所有現行煩惱，況能永斷煩惱種子及所知障。故欲離欲界欲得初靜慮者，應依此止而修勝觀。** 01'38"

《廣論》段落
奢摩他校訂本：P127-LL4 ～ P128-LL2 第二、依奢……是為能修。
福智第三版：P394-LL3 ～ P395-L6 第二依奢……是能修因。

依靠寂止而對於欲界離欲的方法：如果僅僅串習前面所說的具足清晰、無分別等等眾多特徵的寂止，而不修持兩種勝觀中的任何一種，如果這樣的話，就是連欲界現行煩惱都沒辦法暫時壓制，更何況要斷除煩惱種子和所知障呢？因此，如果想要獲得能對於欲界離欲的第一靜慮的話，應當依靠這種寂止而修持勝觀。02'31"

好！我們再往下看。有人提問題了，說：02'40"

> **若爾，前說唯修寂止能伏現行煩惱，豈不相違？** 02'48"

有人提出一個問題說：「如果獲得了寂止之後，不修持世、出世間的任何一種勝觀，就無法壓制欲界現行煩惱的話，前面好像不是這麼說的，前面說僅僅是串習寂止就能夠壓制現行煩惱，有這種說法，那這樣不是相違了嗎？」有沒有聽清這個問題？就是：你說唯有透過毗缽舍那才能壓伏或斷除煩惱，但前面也說奢摩他具有令煩惱不現行的功德呀！意思就是奢摩他也可以壓伏煩惱，前面那麼說、現在這樣說,那是不是自語相違了? 03'36"

然後我們看看大師怎麼回答這個問題。你們有答案嗎?還是覺得這個問題是合理的:我也這麼想!看原文:03'51"

答:無有過失。前者是依世間毘缽舍那攝入奢摩他中而說,此依二種毘缽舍那前行第一近分所攝奢摩他說。04'07"

大師回答說:「沒有過失!因為前面所說的寂止,是就世間勝觀納入寂止的範疇而言」,注意!世間勝觀納入了寂止的範疇而言,「而此處是就兩種勝觀的前行第一近分定所包含的寂止而說。」前面提到奢摩他可以壓制煩惱,是將世間毗缽舍那也攝為奢摩他而說的,意思就是透過世間的奢摩他與毗缽舍那可以壓制煩惱。這裡邊提到只有奢摩他的話,連煩惱現行也無法壓制,是指完全沒有獲得世間或出世間的毗缽舍那,只獲得了兩種勝觀前行的第一近分定所攝的奢摩他,單純這樣,就連煩惱的現行也是無法壓制的。有沒有聽清？05'19"

大師認為那兩個問題有沒有相違背呢？沒有的！因為什麼？因為我們觀察一下，它解釋的角度是不一樣的。前面說到奢摩他的功德的時候，提到僅僅串習寂止就能壓制現行煩惱，那是以什麼？是以世間毗缽舍那攝為奢摩他的角度而說的，並不是說只用奢摩他對治煩惱。現在講到對治煩惱——對治煩惱分為兩種，哪兩種？暫時壓伏和根本斷除的對治。從對治的角度來說，僅僅具有奢摩他沒有壓伏煩惱的作用。06'03"

此處的奢摩他，是指還沒有生起毗缽舍那的奢摩他，生起了奢摩他的時候，因為在定中內心會非常寂靜、非常沉穩，煩惱不會現行的。現在說的是對治煩惱，是讓欲界的上品煩惱不會現起、中品煩惱不會現起、下品煩惱也不會現起，講到各別煩惱的對治。從這個角度來說，僅僅具有奢摩他是無法成辦的，唯有透過什麼？毗缽舍那才有辦法。對不對？06'48"

有沒有發現要對付煩惱的話，沒有毗缽舍那有沒有辦法？是沒有辦法的，它是必不可少的！所以，要好好發願了解什麼是毗缽舍那，乃至深學。07'08"

好！我們再往下看。看原文，注意！注意！不要走神。07'17"

> 能引離欲毘缽舍那略有二種，謂由諦為相及粗靜為相離欲之理，此說由其後道成辦離欲之理。此中所依者，謂未少得無我正見諸外道眾，及正法中具足無我見者，二所共修。07'44"

看這一段，修成離欲的勝觀，要透過幾種辦法呢？透過二種辦法。第一種辦法，就是具有諦實行相的離欲。第二種是什麼？是具有粗靜行相的離欲。這裡邊講的是指透過後面的那種道修成離欲的方法。這之中的所依，有毫無無我正見的外道，以及具足無我正見的內道，這兩種人都有在修習。08'23"

我們再往下看。所以又有問題了！08'34"

> 彼修何道而斷煩惱，如《聲聞地》云：「為離欲界欲，極起精勤諸瑜伽師，由七作意，方能獲得離欲界欲。何等為七？謂了相、勝解、遠離、攝樂、觀察作意、加行究竟、加行究竟果作意。」09'02"

至於是修持什麼道而斷煩惱呢？就如《聲聞地》中說：「為了遠離欲界的貪欲而至極精勤的瑜伽師，他們會怎麼做呢？他們會透過幾種作意？七種作意，而獲得遠離欲界的貪欲。注意！這個作意是這樣作意。哪七種呢？你們會說吧！一起說：了相、勝解、遠離、攝樂、觀察作意，以及加行究竟、加行究竟果作意。再往下看：09'49"

> 此中最後，是離欲界欲而入根本定時作意，故是所修；前六是為能修。10'05"

這裡邊大師又幫我們做一個簡別了。說其中最後一者「加行究竟果作意」，是對於欲界已經離欲而進入了根本定時的作意,所以是什麼?是修持的成果了,他已經修成了那個成果。那麼從「了相作意」到「加行究竟作意」之間的前六種作意都是能修的因。就是能達到最後一種作意的什麼?因啊!最後一個是果。有沒有聽清? 10'48"

在我們學習經典的時候,師父也常教我們要認真閱讀,祈求上師與本尊無二無別的加持,還要集資淨懺,這樣的話我們才能夠深入教典的內義,不只是浮泛地聽聞。那麼深入教典的內義,能使我們得到什麼利益呢?增加智慧!一邊隨喜也會有福報,對不對?那增加智慧又能做什麼呢?像我們在很多事上不知取捨,陷入迷悶的一種狀態,或者常常惆悵,或者有一些事放在心上就去不掉了,看起來那事情非常大,但是究竟是因為智慧無法超越它,所以提升智慧可以使我們的生命遠離各種憂惱。那麼提升智慧的最佳方式就是深入經藏啊!深入經藏,智慧如海。深入經藏怎麼深入?就是聽啊!學啊!提問題啊!再研究啊!反覆地切磋啊!多閱讀教典。就是大家現在正在做的這種善行,所以要堅持下去。好!謝謝大家! 12'06"

講次0148
七種作意的內涵

　　大家好！又到了我們一起學習《廣論》的時間了，希望你們準備好了勝解作意和殊勝的發心。今天我們主要想要一起學習一下七種作意的內涵，因為在上一講的最後，我們約略地了解了一下七種作意是哪七種，還記得嗎？以及前六種是因，最後一種是果。那麼今天我們會再詳細一點地學。00'53"

　　前面我們學到：透過世間道的毗缽舍那來斷除欲界的煩惱。講到世間道斷煩惱的時候，要知道這種斷除是暫時的，還是究竟的？對！要知道這種斷除是指暫時壓伏煩惱，讓煩惱不會現起，但是不是從根本上斷除煩惱呢？完全談不到從根本上斷除煩惱！01'27"

《廣論》段落
奢摩他校訂本：P127-LL4 ～ P128-LL2 第二、依奢……是為能修。
福智第三版：P394-LL3 ～ P395-L6 第二依奢……是能修因。

第一靜慮的加行從因地上講，再說一遍：第一靜慮的加行從因地上講有六個，加上第七個是果位，共有七種。那麼因地的六種——開始了喔！01'49"

第一、了相作意，就是了知自地為粗相、上地為靜相。就是現在所在的是粗相，要往上達到的部分為靜相。02'05"

第二個是勝解作意，透過前面的了相作意反覆地思惟自地的過患、上地的功德，這個時候會生起什麼呢？會生起毗缽舍那。02'27"

第三個是遠離作意。遠離是指遠離什麼呢？是指遠離欲界的「上三品」煩惱，也就是欲界的什麼？上上品、上中品，和上下品的煩惱。這是遠離作意喔！02'49"

攝樂作意，注意！攝樂作意它也是指遠離，它遠離了欲界「中三品」的煩惱。哪個是中三品？中上品、中中品，還有什麼？中下品的煩惱。這是攝樂作意。03'12"

觀察作意是指什麼呢？是指因為已經遠離了上品與中品這個界的煩惱，遠離了大部分的欲界煩惱，所以會覺得已經斷除了欲界所有的煩惱，但實際上並沒有斷除欲界所有的煩惱。這個時候該怎麼做呢？要透過觀察的力量，讓自己察覺到仍然還有欲界煩惱！然後再一次地去行加行，這樣的話就進入了第六種作意。04'00"

第六個、加行究竟作意，就是第六個作意。加行究竟作意是斷除了欲界「下三品」的煩惱。哪個下三品？就是下上品、下中品，還有什麼？下下品的煩惱。這是什麼？第六個。04'29"

該到第幾個了？第七個。加行究竟果作意，完全斷除或壓伏欲界的九品煩惱之後，獲得了第一靜慮的根本定，就是加行究竟果作意。04'54"

所謂的了相作意，就是思惟觀察自地為粗相、上地為靜相的這種作意。獲得了第九住心，生起了奢摩他，可是還沒有達到了相作意喔！這個時候的奢摩他稱之為——還記得嗎?「單純的初修業作意」,也可以稱之為什麼?「第一靜慮近分定所攝的奢摩他」。05'24"

為了壓伏欲界煩惱修持了相作意,這時候的奢摩他稱之為「淨煩惱初修業者」。所以「單純的初修業作意者」與「淨煩惱初修業者」相不相同?是不同的。淨煩惱初修業者的奢摩他稱之為——我再說一遍——淨煩惱初修業者的奢摩他稱之為「了相的奢摩他」;可是單純的初修業作意者,並不是了相的奢摩他,只是獲得身心輕安之後生起的奢摩他而已,這時候行者並沒有刻意去觀察自地為粗相、上地為靜相。06'16"

許多的瑜伽師常常對一開始獲得的這個奢摩他產生了什麼?誤解、誤會。因為一旦生起了奢摩他,就獲得了第一靜慮近分定,所以他們會把「第一靜慮近分定」和「第一靜慮近分定的了相作意」混起來了,混為一談!認為同時獲得了第一靜慮近分定和第一靜慮近分定的了相作意這兩者,意思就是同時獲得「初修業作意」與「淨煩惱初修業者」——誤會了!07'04"

所以近分定的六種作意，是從了相作意開始算起，而不是從初修業作意開始算起。六種作意的第一個——了相作意，是近分定所攝的毗缽舍那的第一種，它是勝解作意的前因，但不是近分定的第一種。在了相作意之前，就已經生起了第一靜慮近分定所攝的奢摩他，也就是單純的初修業作意。在還沒有獲得單純的初修業作意之前，所有的禪定都屬於欲界心。07'44"

這樣學習一下這七種，希望覺得有混淆的地方就可以反覆地聽一下，然後把心安穩下來。當我們覺得有點聽不清楚的時候，不要慌張，或者馬上：「哎呀，是不是我學不會呀！」就開始一大串地給自己下定義。現在學不會，我再看幾遍也許又懂一點了，然後再看幾遍又懂一點！就像我們一開始學習《攝類學》，學到「紅白顏色」，一開始答得一塌糊塗；但是你學個幾年之後，就會把這個「紅白顏色」跟低班的同學講一講，當自己在講起來的時候，紅白顏色這一課，比如說：「是顏色便是紅色嗎？」這樣討論一下，就覺得這道題好像沒有一開始那麼撞牆。為什麼？因為無他——沒有什麼其他原因，就是慢慢、慢慢地熟悉了！慢慢、慢慢地學習，我們的慧力就會有所增進，很多學習的難題就在慧力面前迎刃而解了。所以大家要加油！好，謝謝！ 09'03"

講次0149
雙修止觀方能斷除煩惱

大家好！很高興又到了我們一起學習《廣論》的時間了。今天應該學幾頁啦？395頁第7行，在校訂本是128頁最後一行，請大家跟我一起看原文。提問題：00'38"

> 若此非由修無我義而斷煩惱，為決擇而修何義以斷煩惱耶？00'48"

這裡提出了一個問題，這個問題是：如果在此不是透過修持無我的義理而斷除煩惱的話，那麼是抉擇了什麼內容，接著修持意涵而斷煩惱呢？我們再往下看：01'10"

> 其中雖由此道亦斷欲界餘現行惑，然唯說名「離欲

《廣論》段落
奢摩他校訂本：P128-LL1～P130-LL5 若此非由……而斷煩惱。
福智第三版：P395-L7～P396-L4 若此非由……而斷煩惱。

界欲」。故主要者，謂由貪欲對治而斷煩惱。又貪欲者，此為欲、貪五種欲塵，故其對治，是於欲塵多觀過患，倒執貪執取相而串習之，由此能於欲界離欲。01'48"

如果不修無我義斷煩惱，那到底修何義而斷煩惱？大師回答說：透過這種道，雖然也會斷除欲界其他的現行煩惱，但是仍然稱為「對欲界離欲」，所以主要是透過貪欲的對治品而斷除煩惱。那麼這裡的貪欲是指什麼呢？在此處是指追求並貪著五妙欲、視五欲為功德而貪著——就是五欲太好了！這個很好的，來貪！那麼貪欲的對治品怎麼辦呢？因此貪欲的對治品，就是透過各種角度把五欲視為過患，而且要執取貪欲執取相的反面而串習——就是執取它的過患，比如說修不淨觀等等，由此而對欲界離欲。有沒有聽清？03'07"

好！接著再往下看：03'10"

又雖無倒分別解了欲界過失及初靜慮功德，而有堅固了相定解，若先未得正奢摩他，則於觀擇此二德失，任經幾許串習，然終不能斷除煩惱。 03'35"

即使無誤地各別了知欲界的過失和第一靜慮的功德，而且具有堅固的了相定解了，注意！但是如果沒有先修成寂止，那麼無論再怎麼串習對於功德、過失兩者的觀擇，也都無法斷除煩惱。接著再往下看：04'08"

又雖已得正奢摩他，若無明了觀察，隨修幾久，亦定不能斷除煩惱。故須雙修止觀方能斷除，此乃一切斷除煩惱建立。 04'28"

另外，即使修成了寂止，如果不以了相作意進行觀擇的話，無論再怎麼修持寂止，也都無法斷除煩惱。所以必須透過修持止觀二者而斷除，這是一切關於斷除煩惱的觀點。04'53"

我們再接著看：04'57"

> 若如是者，分別簡擇上下諸地功德、過失之了相，時為聞成，時為思成，故為聞思間雜。由如是修，超過聞思，以修持相，一向勝解粗靜之義，是名勝解作意。05'28"

既然如此，各各分辨上下地功德與過失的了相作意，有時候它屬於聞所成，有的時候它屬於思所成，所以它是聞、思間雜在一起。透過如此地串習，超越了聞、思，以修的行相徹底地勝解粗靜的意涵，這就是「**勝解作意**」。那麼透過觀察修獲得殊勝輕安。獲得「第一靜慮近分定的勝解作意」，與獲得「第一靜慮近分定所攝的毗缽舍那」同時。我們再往下看：06'22"

> 於此《聲聞地》云：「由緣彼相修奢摩他、毘缽舍那。」第六作意時亦云修奢摩他、毘缽舍那；初作意時說緣義等六事，此於餘處多返說為毘缽舍那，是故此等雖非修習無我正見，然是毘缽舍那亦不相違。故此諸作意之時，是由雙修止觀之理而斷煩惱。07'01"

在《聲聞地》中提到：「透過緣著這種相狀而修持寂止與勝觀。」並且在第六作意的段落中也有提到修持止、觀；在第一種作意的段落中有提到緣著意涵等六事，在其他地方也多次宣說了這些是勝觀，因此這些雖然不是修持無我正見，然而會違背是勝觀嗎？不違背是勝觀。所以在這些作意的階段中，是以修持止、觀二者的方式而斷除煩惱。07'49"

　　有沒有回答一開始這個問題？就是：如果不修無我義而斷煩惱，那為抉擇修何義而斷煩惱呢？修持止、觀二者的方式而斷除煩惱。到現在為止，想一想前邊我們學過的，有沒有發現斷煩惱需不需要止、觀二者？是需要的！如果沒有的話，只有一個輪子還是不行。08'20"

　　所以現在能夠聽聞大師對於如何斷煩惱的這種清淨論述，不是三生有幸的問題，對吧？是如獲至寶的問題。啊！應該發願要生生世世值遇這樣的教法，然後依著這樣的教法進行清淨的修行，那是難可值遇啊！每次發現講得這麼精彩和清晰的時候，我都感覺到很幸運！你們呢？好好學呀！好好學！說無以為報，還有一個〈無以為報品〉（馬鳴菩薩的《讚應讚》其中一品），我們都無以為報了，如果不好好學的話，就更無以為報佛恩了！所以大家要珍惜現在能夠在一起學法的因緣，好好地努力！謝謝！09'17"

講次0150
七種作意漸次摧壞煩惱

　　大家好!很高興又到了我們一起學習《廣論》的時間了。這一週你們過得還好嗎?有沒有造集很多善業,而且時時懺悔過去的惡業?如果這樣的話就隨喜大家。今天我們要學習《廣論》396頁第4行,《廣論》校訂本是第130頁第6行。有注意聽嗎?請大家和我一起看原文:00'52"

> 故彼修習之理,謂於分辨粗靜之義數數觀察,即是修習毘缽舍那;觀察之後於粗靜義一趣安住,即是修習正奢摩他。如是所修初、二作意,是為厭壞對治。01'22"

《廣論》段落
奢摩他校訂本:P130-L6～P132-L1 故彼修習……永害種子。
福智第三版:P396-L4～P397-L1 修習之理……永害種子。

說：因此修持的方式，是各各區分粗劣與寂靜的內涵，對這點數數地觀察、抉擇，就是修持勝觀；在觀察之後，最終要專注地安住於或粗、或靜的內涵上，這個就是在修持寂止。如此修持的第一種與第二種作意，就是「厭壞對治」。02'02"

厭壞對治是四種對治之一。想一想：厭壞對治是什麼呢？是透過看見過患而厭離，如果沒有觀察到過患是不會厭離，所以觀察到過患而厭離、破壞所斷的這個對治品，就是厭壞對治。比如說看見輪迴的過患這顆心，就是輪迴的厭壞對治。那輪迴存在在哪兒？是不是也存在在心上？有善知識說：「了相作意、勝解作意是厭壞對治；遠離作意、攝樂作意還有加行究竟作意是能斷對治；加行究竟果作意是遠離對治。」03'05"

好！那我們接著再看《廣論》。注意聽！注意！03'11"

> 如是交替修習止觀二者，由依串習，若時生起欲界

上品煩惱對治,是名「遠離作意」。03'25"

如此交替地修持止觀二者,依靠這樣的串習,當欲界上品煩惱的——注意——當欲界上品煩惱的對治品生起的時候,就稱為「遠離作意」。遠離作意是第幾種作意?是第三種作意。接著看:03'53"

又由間雜薰修止觀,若能伏斷中品煩惱,是為攝樂作意。04'02"

再講什麼是攝樂作意。接著再透過間雜地修持止觀,當能夠斷除中品煩惱的時候,就是「攝樂作意」。攝樂作意是第四種作意。好!我們再接著看。接著出現一個自我觀察的問題。04'27"

次若觀見能障善行欲界煩惱,住定、出定皆不現行,不應粗尋,謂我今已斷除煩惱。當更審察:為我實於諸欲希求,尚未離欲而不行耶?抑由離欲而不行耶?作是念已,為醒覺彼,攀緣隨一極其可愛

> 貪境之時，若見貪欲仍可生起，為斷彼故喜樂修習，是為觀察作意。由此能捨未斷謂斷我慢。05'21"

接著，當這個行者見到阻礙行善的欲界煩惱——欲界煩惱這個作用就是阻礙行善——當見到阻礙行善的欲界煩惱，在安住於等持——就是住定——與出定的時候它都不會現行，好像消失了一樣。在這個時候不應該粗略地尋思，自己說：「啊！我已經斷除煩惱了。」注意那個「粗略」。不應該想：「我已經斷除煩惱了！」就像增上行外道一樣，以為自己已經斷除了煩惱。06'01"

那麼這個時候應該怎麼辦呢？應該要觀察，注意！應該要觀察：究竟我是在尚未遠離追求欲塵的貪欲狀態下不現行——就是它沒有離開，還是已經離欲而不現行呢？於是為了使這個復甦，或者使這個再現行，就緣著某一個極其可愛的貪著境界，然後開始試驗了。這個時候如果看到貪欲仍然會在心中生起，這個時候會怎麼辦呢？有人說：「哇！費了這麼大力氣，結果貪欲對境又現起了。」然後心要掉下去嗎？還是怎麼做呢？這裡邊提供給我們的修行方式；接著，為了斷除貪欲而樂於修持，這就是觀察作意。07'02"

有沒有發現他發現了自己心中還有貪欲的時候，他是為了斷除這個貪欲而樂於修持，而沒有厭患，說：「我已經這麼努力了，住定、出定都不現行，怎麼我一試驗，對境的時候它又出來了呢？」他不是這種懷疑，或者對自己的修行持予否定的態度；他是非常積極和樂觀地、非常習慣地斷除貪欲的修持，非常樂於修持。這個心態應該是前面的等流，對不對？前面就是樂於修持，所以才會做到住定、出定那個貪欲都不現行。07'43"

這個是什麼作意？這個就是「觀察作意」。觀察作意是第五種作意。這個作意最偉大的作用是，藉由觀察作意就能夠去除一種我慢。什麼我慢呢？就是尚未斷除，卻以為已經斷除某種煩惱的我慢。對不對？有沒有發現我慢也不是那麼可怕，好像很難去除，你透過觀察，然後依據教理對境去試驗一下，就可以知道自己有沒有這種煩惱了。08'24"

我們再接著看原文：08'28"

> 次更如前於粗靜義別別觀察，於觀察後安住一趣，由於薰修此二事故，若時生起欲界下品煩惱對治，是名「加行究竟作意」。第三、第四、第六作意，是能斷除煩惱對治。08'54"

說：之後與前面是相同的，別別觀察粗靜的意涵，以及在觀察之後，最終專注地安住，透過修持這兩者——哪兩者？觀察修和止修。透過修持這兩者，當欲界下品煩惱的對治品生起的時候，就稱為「加行究竟作意」。第三種、第四種與第六種作意，是能斷除煩惱的對治品。09'35"

我們可以看到，透過世間的毗缽舍那斷除欲界煩惱的時候，是不是透過無我見？不是透過無我見，對吧？不是透過無我見，而是透過修粗靜相。反覆地思惟欲界的過患、色界的功德，而產生堅固的定解，這是什麼作意？這就是了相作意。如果沒有獲得奢摩他，再怎麼長久地觀修欲界的過患與上界的功德，也無法斷除欲界的煩惱；獲得奢摩他之後，沒有觀修自地為粗、上地為靜，也無法斷除欲界的煩惱，所以在獲得奢摩他之後，必須要透過奢摩他引生毗缽舍那。然後為了引生毗缽舍那，怎麼辦？要多多地聽聞、思惟，還有反覆地觀察修，去觀察，把我們聽聞來的教理，在對到這個生老病死世界的煩惱的時候，要去數數地觀察。10'55"

當觀察無法生起的時候，怎麼辦？就從奢摩他出定，再次地聽聞、思惟，然後再去觀修，直到透過觀察力生起毗缽舍那為止。當透過觀察力生起毗缽舍那的時候，稱之為「勝解作意」。雖然沒有了解空性，可是藉由觀察力所生，可不可以是毗缽舍那？也可以是毗缽舍那，這是沒有任何的相違。11'34"

那麼在「遠離作意」的階段，能夠斷除欲界的上品煩惱；在「攝樂作意」的階段，能夠斷除欲界的中品煩惱；在「觀察作意」的階段，觀察自己是否已經真正斷除欲界煩惱；然後在「加行究竟作意」的階段，能夠斷除欲界的下品煩惱；完全斷除欲界下品煩惱的時候，就獲得了第一靜慮根本定。在第三、第四、第六種作意的階段，就是正對治欲界上品煩惱、中品煩惱、下品煩惱。這裡邊的「正對治」，大家想想這個正對治是什麼意思呢？是壓伏的意思，它不是連根斷除的意思。12'28"

在這裡是針對從欲界開始走、走、走到第一靜慮的過程這一段而說的。那麼同樣地，從第一靜慮到第二靜慮，從第二靜慮到第三靜慮等等，也要具足幾種作意？也要具足七種作意。有沒有聽清？也要這樣子，可以以此類推。12'57"

會太快嗎？你們是不是說不會？還是有人說會？好！我們要接著再看最後一段，今天要講的最後一段。13'16"

> 如是若斷軟品煩惱，即是摧壞一切欲界現行煩惱，暫無少分而能現起，然非畢竟永害種子。13'31"

就這樣地像上面那樣如此斷除了軟品煩惱，軟品煩惱是什麼？也就是下品煩惱，摧毀了欲界的一切——注意——現行煩惱，暫時絲毫都不會現行。不會現行就是顯示不出來了，在心續上顯示不出來這個欲界的煩惱。但是，並非徹底摧毀了種子，那個種子可能還有機會發芽的喔！玄奘大師翻這個「軟品」，就是「下品」的意思。14'18"

有沒有發現？今天學這些的時候，在斷除煩惱的這件事上，大師教誡我們要非常仔細、嚴謹，不能只看表面的現象，比如說現在沒有現起煩惱？他多長時間沒有現起？他入定和出定都沒有現起煩惱。想想，從修行到他能夠入定那要很久時間，但沒有現起是不是可以作為煩惱消失的證據呢？沒有現起並不能作為煩惱消失的證據，不能輕易地得出結論說：「啊，煩惱被我消滅掉了！」還要再再地反覆觀察、測試自己。15'06"

怎麼測試？前面說要找一個可愛的、極可愛的境，他去測試。為什麼這個人會有這樣的正念，他會想要去測試，他能夠知道要這樣測試呢？那一定是之前親近了善知識、聽聞了教理,不是憑個人的感覺,他學了!所以我們在修行的時候,一定要依憑著教理,多多地請問善知識,一步一個腳印非常扎實地斷除煩惱。等待我們的是什麼?是大自在、大解脫,還有大慈悲,乃至大樂的境界——我們的生命要達到的境界!所以這樣穩紮穩妥地一步一步斷除煩惱,對於我們的究竟目標來說是非常、非常重要的!好,謝謝大家! 16'07"

講次0151
僅修粗靜相道不能度脫生死

大家好！又到了我們一起學習《廣論》的時間了。你們生歡喜心了吧？好！今天我們要學《廣論》397頁第1行，《廣論》的校訂本是第132頁第1行，請大家跟我一起看經典。精神有收攝吧？可以專注嗎？00'45"

此理能離無所有處以下諸欲，然尚不能滅除有頂現行煩惱，是故不能度越生死。然依靜慮亦能獲得五種神通，此等恐繁不錄，如《聲聞地》極廣宣說，故應觀閱。 01'13"

這個「**此理**」是什麼道理呢？就是透過修行粗靜行相的這種方式，能對於無所有處以下離欲，然而對於有頂

《廣論》段落
奢摩他校訂本：P132-L1 ～ P132-LL2 此理能離……無我正見。
福智第三版：P397-L1 ～ P397-L5 由此能離……毘缽舍那。

的煩惱就連現行都沒法遮除,所以無法度越生死。但是依靠靜慮,注意喔!但是依靠靜慮仍然能獲得五種神通,這部分內容由於顧慮詞句特別地多,宗大師說就不在這裡講。詳細的內容在《聲聞地》裡有,大師說應該去閱讀、應該去看。02'08"

這裡邊的靜慮能獲得五種神通,善知識說:「如《道炬論》中所說,為了利他應該修習神通,但如果沒有出離心或菩提心的這個意樂攝持的話,那麼畜生也能飛翔、遁地,地獄及鬼道也有神通及變化等等。」可是這些都不能離苦!這些神通變化還是在生老病死、在種種煩惱的壓迫之下而不得自在。02'43"

這一段是說:修粗靜相可以壓伏無所有處以下的煩惱,但是不能壓伏非想非非想天的現行煩惱。三界中的最高天是什麼天?有頂天,對吧?如果有本事投生到三界中最高的天界有頂天,他是由於禪定的力量修行修上去的,那麼由於禪定的力量——三界中第二高的天就是無所有處天——無所有處天以下的這個粗分的煩惱就都不會現行了,因為他在有頂天嘛! 03'28"

色界第一靜慮有三重天:梵眾天、梵輔天、大梵天,你看它一路超越多少天!第二靜慮有幾重天?有三重天:少光天、無量光天、極淨光天或者極光淨天;第三靜慮還是有三重天:少淨天、無量淨天、還有遍淨天,這都是要超越的;第四靜慮有八重天:少廣天、無量廣天、廣果天、無煩天、無熱天、善現天、善見天、色究竟天。色界總共就有十七重天。然後再加上無色界的空無邊處天、識無邊處天、無所有處天。你想想,這個修行者從欲界一直到無所有處之間,粗分的煩惱全部都不會現行了,甚至到什麼程度?他把念頭都遮止了,無念!無念啊!我們可以想像,得多用功才能一路超越這麼多的天,這麼多高的天全超越了!然後到了非想非非想天的時候──三界最高天,那個時候他的意識已經變得非常非常地細、非常非常地細微,幾乎處於一種不現行的狀態。所以除了出生的時候有一個「我出生了」這個念頭,然後死亡的時候有一個「我死亡了」的念頭,除此以外,就沒有其他的念頭。05'11"

為什麼會這樣呢？因為在無所有處天的時候，行者會覺得只要有念頭就會有煩惱，所以就把所有的念頭全部遮止了，因為這樣的因，而感得了這樣的果。因為意識太過細微，除了出生的時候、死亡的時候以外，念頭完全不會生起了！所以他會生起了相作意嗎？根本無法產生了相作意、勝解作意等等的這個對治力，產生不了！因為沒有對治力，所以他就無法壓伏非想非非想天的這個煩惱。然後非想非非想天的煩惱——三界最高天的煩惱他都壓伏不了了，更何況怎麼樣得到解脫呢？沒法得到解脫！06'06"

好！我們接著再往下看。06'13"

今無此等修靜慮等根本定理，故因彼等導入歧途，亦復無由。然於此等若生領解，非徒空言，則於遮斷餘定歧途，見有大益。06'32"

由於現今——就是大師著作《廣論》的那個時候——並沒有這些修持靜慮等根本定的方法，所以固然無從由於那些而導入歧途。但是對於這些內容，如果能夠生起不僅僅停留於字面的理解，發現會對於截斷其他等持的歧途極為有益。07'02"

這裡邊的「**故因彼等導入歧途**」，格西拉解釋：這個「彼等」是指修習四靜慮、四無色等至等等的這個修法；「歧途」是指因由獲得這些根本定而感到滿足，背離原先修定的目的。就如同宗大師在前文所說，有人把具足明分還有輕安的等持安立為大乘道，有人則承許為無上瑜伽圓滿次第，認為無分別就是空三摩地的見解等等，這些都是歧途。我們可以再接著看：07'43"

> **如是四種靜慮、四無色定及五神通，與外道共，故雖得此殊勝等持，唯此非但不能脫離生死，反於生死而為繫縛。故唯奢摩他不應喜足，更當尋求別別觀察毘缽舍那無我正見。** 08'12"

像這樣精彩的四種靜慮、四種無色定與五神通——五神通是指除了漏盡通以外的五種神通，分別為：神足通、天眼通、天耳通、他心通、宿命通——由於這些都是與外道共通的,因此縱然獲得了如此殊勝的等持、這樣的禪定,僅僅是這樣,非但不能脫離輪迴,反而還被這些東西束縛於輪迴中。08'47"

大家可以想一想:為什麼有了這些禪定的功德之後,神通非但不能脫離生死,它還反而成了一種把自己束縛在生死中的東西呢?你們想:你們假如得了,會不會很耽著這些神通呢?你會不會想用這些神通做點什麼?唯獨沒有想到了脫生死,所以就偏離了目標了。對吧?09'18"

所以有一位善知識也說過:「比如說有頂天,他有沒有煩惱?有沒有貪煩惱?有頂天的貪煩惱到底是什麼?他就是對有頂的這個殊勝的禪定、這個等引的快樂,生起了什麼?愛著。」綜上所述,不應該僅僅滿足於寂止,更應該尋求分別觀察的勝觀無我正見。所以在獲得奢摩他的基礎之上,一定要更進一步修學毗缽舍那,而且是證得空性的毗缽舍那。這才是我們所有生命能夠超越輪迴的理想,一個實現的可能性。對不對?一個機會。10'11"

大師在《廣論》中數數地告誡我們，修定的目的到底是為了什麼？為了斷除煩惱。斷除煩惱是為了暫時壓伏煩惱，還是究竟永害煩惱種子？怎麼樣才能夠出離生死，才是修定的根本，對吧？所以要出離生死的話，一定要修學毗缽舍那，而且必須是能夠證得空性的那個毗缽舍那。有沒有聽清？會不會覺得大師講得極為清晰，在《廣論》裡寫得非常地清楚！會不會覺得：把這樣的教理反覆地閱讀、反覆地閱讀之後，可以說心如明鏡嗎？就不會再踏上歧途，像有一盞燈一樣，在我們修行的前面照著，所以我們就沒有那麼多憂惱了，就可以很歡喜了。謝謝大家！

11'21"

講次0152
修奢摩他法的經論依據

大家好！又到了我們一起學習《廣論》的時間了，你們知不知道這是奢摩他的第幾節課？接著還有兩節課就講完了第一輪，所以都要打起精神來認真聽！今天我們會學397頁的第5行、《廣論》第5行，在《廣論》校訂本是132頁最後1行。請大家和我一起看經典原文：00'44"

> 前說修奢摩他，或名「作意」法，從《般若波羅蜜多》甚深經等所說九種住心之理，《中觀修次》所述，如前已引。01'01"

前面所說的修持寂止，或者稱為「作意」的方法，是《般若波羅蜜多經》等甚深經典中所宣說的九種安住內心

《廣論》段落
奢摩他校訂本：P132-LL1 ～ P134-L2 前說修奢……理解之相。
福智第三版：P397-L5 ～ P397-LL1 縱未廣知……善解之相。

的方法,在前面所引述的《中觀修次》當中已經陳述了它的內容。講一下這個依據是出自於哪裡。我們可以接著再往下看:01'30"

> 彼經意趣,《經莊嚴論》為作解說;無著菩薩則於《菩薩地》、上部《對法》、《攝決擇分》中總略宣說;如《攝分》於止觀二法舉《聲聞地》,《聲聞地》中廣為解說。01'53"

其中的意趣在《經莊嚴論》裡邊有解釋,而且聖無著在《菩薩地》、上部《對法》與《攝決擇分》當中則簡略宣說;並且還在《攝分》當中將止觀二者引向《聲聞地》一般,在《聲聞地》中也有詳盡地闡釋。都在講依據。我們再往下看:02'20"

> 又此諸義,《中觀修次論》及《慧度教授論》亦曾宣說。復有《辨中邊論》說由八斷行、斷五過理修奢摩他法。02'31"

上述這些內容，《中觀修次》與《般若波羅蜜多口訣論》中也曾宣說。另外還有《辨中邊論》中所說，透過什麼？八種斷行及斷除五過失的這個方法。用這個方法做什麼？修持寂止，就是修定啊！接著再往下看：03'02"

縱未廣知修初靜慮等根本定法，最下亦定須知經善觀察、遠離杜撰，所說彼等諸心要義。03'17"

縱使你沒有詳盡地了知修持第一靜慮根本定的方法，但是至少對於毫無私自杜撰、經過了善加觀察而闡釋的這些心要內容，也必定需要了知啊！這些經典上的內容。有一位才旦夏茸大師說：這些心要的內容，是指以九住心成辦奢摩他的方法。就是指這個。我們再往下看，會快嗎？往下看：03'48"

一類修靜慮者且無此等之名，又有一類先學論時，徒有空言，然未善解其義，後修行時，見無所須，輕棄而修。04'03"

上述的內容，對於某一些修習靜慮者而言，甚至連名稱也不存在，因為連名字都沒聽過。某一些人先前在學習諸大教典的時候，注意！他在學的時候就徒有空言——說說而已，他卻沒有善加理解其中的內涵。那這樣會有什麼結果呢？就導致在之後他用功修持的時候，把這個看作毫無意義，於是在修行的時候竟然選擇了漠視、捨棄教典的態度。這是大師在這裡揭示我們一個煩惱的現象。我們再往下看：04'58"

見有略得止品所攝正定，便執是為空三摩地；眾多僅得內外二者共通等持第九住心，便謂已得無上瑜伽具足德相圓滿次第；及謂是為等引、後得合雜無間無分別智，皆是未能善辨理解之相。 05'25"

那沒有理解其中內涵的一些症狀是什麼？就是這個修行人很顯然是不求甚解。那麼怎麼樣能看出來呢？說因此見到僅僅獲得了某個可被寂止品所統攝的這個等持的時候——他看到有點被寂止品所攝的這個的時候，便認定這是空性定的心理，就會認為：啊！入了空性定了。還有許多人一旦獲得了內外道共通的等持，就是第九住心的時候，他就自己認為：哇！已經生起了無上瑜伽具足德相的圓滿次第了。以及認為是等引、後得——就是入定、出定——已經交融不間斷的無分別智。就是對自己前邊被定所攝的那些看到這麼高，高得有點離譜了！這些都是沒有辦法善加辨別理解的表徵。從這些毛病就可以看出，沒有好好地學習教理就是這樣子，會胡亂地判斷自己修行的境界——他不是判低了，非常奇怪都判高了！非常沒有經驗。06'49"

這裡邊列舉了幾種狀況，有沒有聽出來？有的人獲得了寂止品所統攝的等持，就認為是空性定；有人獲得了第九住心，就認為已經生起了圓滿次第等等；還有一種，對於修定方法的名稱，例如「九住心」這都沒聽過。另一種是有學習、有聽聞，但是只有空言，由於沒有了解經論的內涵，所以在實修的時候，反而覺得前面所學的是沒有用的，用不上！用不上怎麼辦呢？他就輕視、丟棄了這麼珍貴的經典教言。請問：他丟棄了之後要用什麼來修呢？再找一套軌則嗎？對吧！還是胡亂自己修呢？關鍵是能修成嗎？07'42"

記得在聽聞軌理中說：「**初一若錯乃至十五。**」聽聞的時候沒有結合心續，沒有體會到法義實在落在心上改變內心的強大作用。所以真正要改變內心的就是要用功專修，反而另覓他途，把法藥丟棄了！要治這個輪迴的病，反而把法藥丟棄了，這是不是我們這些沒有好好學教理、不求甚解的人的極大悲哀？08'18"

請問：用不上，會恭敬法嗎？不會恭敬啊！因為他用不上啊！所以在《廣論・修習軌理》中說：「**以彼諸教所有義理，現見多須以觀察慧而思擇故。**」就是一定要多用觀察慧去觀察。「**諸思擇者，亦見修時無所須故。又此即是聖教隱沒極大因緣，以見諸大經論非是教授，心不重故。**」所以那些教典的義理，現見絕大多數都必須用觀察慧怎麼樣？觀察、抉擇、修習！但他卻主張修持的時候不需要諸多觀擇的緣故，所以這也是聖教隱沒的極大因緣。就是廢止了觀察修。因為認為佛經還有諸大釋論並非教授，這並不是他修行的一個指導，所以心裡就不敬重了。09'17"

　　有沒有發現這個毛病是怎麼產生的？就是不求甚解、不好好地去辨析。如果這樣的話，就和師父教我們的：「一定要把法留下來！」完全背道而馳了。所以由於輕視教典，還會累積很大的惡業，甚至有人會覺得其中沒有可修要旨而去毀謗，意思就是要去謗法了。啊！到了這一步就萬劫不復了。所以我們這些自詡為認真學教理的人，不可不慎啊！不可不慎啊！09'56"

廣論止觀初探

結頌

講次0153
奢摩他章結頌

大家好！很高興到了我們一起學習《廣論》的時間了，今天是我們學習奢摩他第一輪的最後一節課了，所以大家要提起精神來好好地聽。請大家翻開《廣論》397頁最後一行，在校訂本是134頁第2行。有集中心力吧？好！那麼一起跟我看經典：00'48"

> 若於上說善得定解，則不因其假說修無所緣、無相、了義美妙名稱所惑，知彼等持含義為何，便能了知歧非歧途，故於此諸定量教說修三摩地次第，應當善巧。01'14"

對於上述的內容，如果善為獲得定解，注意！對上述

《廣論》段落
奢摩他校訂本：P134-L2 ～ P135-LL1 若於上說……如何學法。
福智第三版：P397-LL1 ～ P398-LL1 若於上說……如何學法。

的內容,如果善為獲得定解,便不會僅僅因為冠以「修持無緣、無相與了義」等等這些美妙的名稱而導致誤解,而能夠了知這些等持的含義為何。就是這些修定的含義到底是什麼呢?於是我們就了解了歧途與非歧途,所以應當善巧這些具量的教典中所宣說的修定次第。01'57"

其實這段話我們應該聽了的時候,還是放在心上自我觀察一下:能夠不落入歧途的關鍵因素是什麼呢?要於**「諸定量教」**——就是教典中所宣說三摩地的次第要善巧,這樣就不會走入歧途了。02'24"

好!我們接著往下看:02'27"

「於此頌曰:」如果你們願意念,可以跟我一起念。02'37"

> 經及廣釋論,善說修定軌,
> 文深故未解,狹慧將自過,

反推誣經論，無修無別教；
不於有處求，無處求謂得。

此輩尚未辨，內外定差別，
況能如實分，小乘及大乘，

顯教與密教，三摩地差別。
見此故淺說，大論修定法。

積年習論友，莫捨自珍寶，
而取他碱砆，願識寶自有。

見除汝學典，別無教授義，
佛說「多聞者，林中樂」當參。

無分別止道，初修法修量，
未得善辨明，劬勞修定師，

> 尚須依智者，如實知修法，
> 否則暫休息，於教損害小。
>
> 慈尊無著論，所說修止法，
> 此亦為聖教，長久住世故。03'53"

這一段結頌說：「經典及釋論、諸大教典中，有巧妙地宣說了這個修定次第，由於詞句非常地深邃，因此智慧微弱的人無法了解它的實義」——到底在說什麼沒法如實證達——「卻將自己內心的過失推諉於他處，於是心想：這些善妙的教典當中並沒有修習無分別的教授」，就是沒有修定教授。「就不在具有教授的教典中尋覓，卻在沒有教授之處多番奮力求索，而妄想獲得。」有善知識解釋：這裡邊的「沒有之處」，就是指一些隱密的法本，與被稱為耳傳、口傳、祕訣的教授。04'52"

「這樣的人尚且無法區分內外道的等持」——就是內外道的修定方法不知道——「更何況要如實地區分所有的大小乘，以及金剛乘與波羅蜜多乘的等持差別呢？」這都不一樣的。大師「見到這樣的情景，於是以淺顯易懂的言詞，為我們闡述諸大教典中的修定方法」。05'20"

大師殷殷地叮嚀我們說：「多年研習諸大教典的道友們！切莫捨卻了自己的貴重珍寶，反而拾取他人的砝砆，務必要了知自己其實擁有著珍寶。」才旦夏茸大師說：宗大師此處所說的「道友」，就是勸請大師寫《廣論》的善知識勝依吉祥賢譯師，還有蘇浦瓦等，同時也是教誡後世的學者。這裡邊的「砝砆」就是一種像玉的美石，很漂亮的石頭，它次於玉，它不是玉。大師用這個譬喻來比喻以假亂真，似是而非。06'13"

「見到了除你所研習的教典之外，別無教授的義理，於是能仁宣說道：『多聞者在森林中會有安樂！』對於其中的內涵也應該觀擇才是。」才旦夏茸大師針對「佛說」，引用了《別解脫經》中說：「**若有能為決定意，善伏根欲具多聞；從少至老處林中，寂靜閒居蘭若樂。**」這個是義淨大師的譯本，什麼意思呢？說：如果有人能夠做到意樂決定受持十二杜多的功德，並且善加調伏諸根、具足多聞,那就要從年輕到年老都住在合適修持的寂靜阿蘭若中。依止如此阿蘭若而存活,是安樂的。07'12"

根據印度論師智天阿闍黎的解釋,這裡面所說的「處林中」是表徵了具足十二杜多功德。大家知道十二杜多功德嗎?一、住阿蘭若處,二、常乞食,三、著糞掃衣,四、一受食,五、一座食,六、隨得食,七、塚間住,八、露地住,九、樹下住,十、常坐不臥,十一、隨得敷具,十二、但三衣。為什麼說這樣的存活是安樂的呢?因為對今生和來世都安樂,對自己和他人都安樂,最終能得到梵行究竟,所以是安樂。08'07"

「縱使對於不作任何分別而安住的寂止之道,其中最初修持的方法以及修成的標準,都無法獲得善加分辨的理解,只能冀望於堅忍毅力的修靜慮的人。」針對文中的「理解」,賽倉大師在《略論筆記》中也有講到:「對於佛語的理解,必須是」,他的標準是什麼?「必須是了知自己應該如何修持的道理,才稱為理解。只是知道名詞有什麼用呢？沒有教功德，哪裡會有證功德呢？」說：「即使是他們，都仍然需要依靠智者，如實地了知修習的方法；如果不是這樣的話，寧可暫時休息，這樣對佛陀聖教的損害反而比較小。」才旦夏茸大師解釋這個「暫時休息」，是指：你不需要努力地承擔講說、辯論、著述的這個沉重擔子，休息了對佛教比較好。所以，我也拿這句話觀察自己——我是沒有一種來講說的感覺，是跟大家一起學習，所以才講、才這樣學奢摩他，如果是講說的擔子我可能就不敢承擔了。09'45"

「因為慈氏與無著菩薩的教典中，有如此地闡釋修持寂止的方法，正是為了佛陀的聖教能恆久地住世啊！」「佛陀的聖教」，（才旦夏茸）這位大師又解釋：就是指總體佛教、大乘教法，還有大乘修行的教授。格西拉解釋說：最後這個偈子不是祈願，而是承接前面的偈頌，說明至尊慈氏與無著菩薩開示了修定的方法，正是為了什麼？正是為了令正法久住。因此應該依照至尊慈氏與無著菩薩的開示而修行，否則的話，寧可暫時休息，不要修定，以免反而損害教法。10'40"

好！我們再往下看最後一段原文。10'46"

> **已釋上士道次第中學菩薩行，於靜慮自性奢摩他如何學法。** 10'58"

已經宣說完畢在上士道的次第中，要學習菩薩行，要如何學習靜慮體性的寂止的方法。11'09"

到此為止，我們學完了《廣論》的奢摩他！歷經三年每週一講的速度，我們一起堅持學完了第一輪奢摩他！11'24"

在一開始的時候，我有一點擔心大家太過熱情，然後你們堅持不久，但是你們的努力還挺讓我喜出望外的，一直跟著聽。你們聽不懂的地方，我就希望你們可以聽七遍以上，一週七天我希望你們每天都能夠聽一遍。為什麼呢？原先在研討《廣論》、在廣論班的時候，我就是初初都要聽七遍，所以一定是七遍以上。另外還有我們僧團的法師不都在背書嗎？大大小小、老老少少的法師都在背書,後來法師們透過自己不停地背書發現一個規律,同一個段落每天都念上幾遍,過幾天之後自然就能朗朗上口,比一次就花很長時間背很多,記憶更長久。12'21"

這中間我想你們跟我一樣,也歷經了很多聞思的困境,像生病,還有大大小小的一些痛苦的事情、不順心的事情。像我們僧團就有法師生病送醫,還有一些重病、死亡這樣的消息。我和大家一樣,同樣會付出牽掛、擔憂還有傷心,但還好都一路堅持下來了!我們終於都沒有斷掉,你們也堅持下來了,聽聞了奢摩他,該邁向毗缽舍那了!非常、非常希望我們一起馬上就開始學習毗缽舍那!13'09"

奢摩他的學習部分,法師會再給你們錄一個講解的課程,這樣班長就可以帶著大家一起學了,一邊複習奢摩他、一邊準備毗缽舍那的前行。再說一遍:我們要一起學習毗缽舍那吧!祈請傳承上師、十方諸佛(加持),還有護法的擁護,讓我們以潔淨的動機——為利有情願成佛這樣的動機,再一起學習毗缽舍那!在這樣的娑婆世界,很高興能遇到你們，我們都很高興值遇了大師的教法，實在是太幸運了！歡喜吧！加油，要一起學習毗缽舍那！13'52"

生生由勝宗喀巴，為作大乘知識力，
願於佛讚善穩道，雖剎那頃不暫捨。
我之師長宗喀巴，或居兜率或極樂，
任住何處勝淨土，我等願生眷屬首。
初務廣大求多聞，中現經教皆教授，
後盡日夜遍薰修，為弘聖教遍迴向。
至尊師長壽堅固，潔淨事業遍十方，
善慧教法如明燈，常破三界眾生闇。14'30"

廣論止觀初探

各講次與廣論段落對照表

講次	章節	標題	音檔長度	奢摩他校訂本頁/行	福智第二版頁/行
109	正明引生住心次第	九住心（一）	11'15"	P90-LL5～P91-L3 第二、依彼……安住所緣。	P376-L2～P376-L6 第二、依彼……安住所緣。
110		九住心（二）	11'26"	P91-L4～P92-LL5 四、近住者……不令流散。	P376-L6～P377-L1 四近住者……不令流散。
111		九住心（三）	12'28"	P92-LL4～P94-L1 七、最極寂靜……等所說。	P377-L1～P377-LL5 七最極寂靜……等所說。
112	由六力成彼之法	六力成就九住心	13'31"	P94-L2～P95-L4 第二、由六……然難憑信。	P377-LL4～P378-L5 第二、由六……然難憑信。
113		九住心先後次第的理由（一）	11'00"	P95-L5～P96-L2 此中若得……或「有功用」。	P378-L6～P378-LL3 若得第九……或有功用。
114		九住心先後次第的理由（二）	10'46"	P96-L2～P96-LL3 能生此者……初二種心。	P378-LL3～P379-L2 能生此者……初二種心。
115		總結九住心的次第	16'17"	P96-LL2～P98-L1 如是總謂……下文當廣說。	P379-L3～P379-LL3 如是總謂……下當廣說。
116	彼具四作意之理	四種作意（一）	09'04"	P98-L2～P99-L2 第三、彼具四……運轉作意。	P379-LL2～P380-L5 第三具四……運轉作意。
117		四種作意（二）	11'14"	P99-L2～P100-L1 若爾，初二……得勝勿捨。	P380-L6～P380-LL3 若爾初二……得勝勿捨。

講次	章節	標題	音檔長度	奢摩他校訂本頁/行	福智第三版頁/行
118	彼具四作意之理	總攝九住心（一）	14'24"	無	無
119		總攝九住心（二）	10'40"	無	無
120	顯示奢摩他成與未成之界限	成就寂止的標準（一）	10'45"	P100-L2～P101-LL2 由修成辦……顯了說故。	P380-LL2～P381-LL4 由修成辦……顯了說故。
121		成就寂止的標準（二）	10'14"	P101-LL2～P102-LL2 又《辨中邊論》……所引故。	P381-LL4～P382-L3 又辨中邊論……所引故。
122		成就寂止的標準（三）	07'05"	P102-LL2～P103-L4 如是亦如……真奢摩他。	P382-L3～P382-L7 如本地分……真奢摩他。
123		成就寂止的標準（四）	09'25"	P103-L5～P104-L3 若爾，云何……名心堪能。	P382-LL6～P382-LL1 若爾云何……名心堪能。
124		成就寂止的標準（五）	11'06"	P104-L3～P105-L4 如是亦如……身心輕安。	P382-LL1～P383-L7 如安慧論師……身心輕安。
125		成就寂止的標準（六）	08'32"	P105-L5～P106-L5 將發如是……狀似滿溢	P383-L7～P384-L1 將發如是……狀似滿溢
126		成就寂止的標準（七）	12'27"	P106-L5～P107-L1 如《聲聞地》……身輕安」故。	P384-L1～P384-L4 如聲聞地……身輕安故。
127		成就寂止的標準（八）	12'31"	P107-L1～P107-L5 如是此身……正奢摩他。	P384-L4～P384-L7 此身輕安……正奢摩他。

講次	章節	標題	音檔長度	奢摩他校訂本 頁/行	福智第三版 頁/行
128	顯示奢摩他成與未成之界限	成就寂止的標準（九）	09'37"	P107-L5 ～ P108-L2 《聲聞地》云……下作意故。	P384-L7 ～ P384-LL3 聲聞地云……下作意故。
129		成就寂止的標準（十）	11'54"	P108-L3 ～ P108-L6 如是亦如……地之異名。	P384-LL3 ～ P384-LL1 如聲聞地之異名。
130		獲得寂止的象徵（一）	13'20"	P108-LL3 ～ P109-L5 中……諸盡現行。	P385-L1 ～ P385-L7 第二分二……諸盡現行。
131		獲得寂止的象徵（二）	10'42"	P109-L5 ～ P110-L6 從……仍如前說。	P385-L7 ～ P386-L1 從……仍如前說。
132	有作意相及斷疑	獲得寂止象徵的釋疑（一）	10'16"	P110-LL4 ～ P111-LL1 者：如……二所共同。	P386-L2 ～ P386-LL3 疑……二所共同。
133		獲得寂止象徵的釋疑（二）	09'56"	P111-LL1 ～ P113-L4 或由無倒……同一意趣。	P386-LL3 ～ P387-L7 或無顛倒……同一意趣。
134		獲得寂止象徵的釋疑（三）	09'13"	P113-L5 ～ P114-LL4 若謂《聲聞……此是、此非。	P387-LL6 ～ P388-L2 若謂聲聞……此是此非。
135		獲得寂止象徵的釋疑（四）	12'04"	P114-LL3 ～ P115-LL3 故《解深密……亦善破除。	P388-L2 ～ P388-LL4 故諸能引……善為破除。
136		獲得寂止象徵的釋疑（五）	08'46"	P115-LL3 ～ P117-L3 又《修次初……自當了知。	P388-LL4 ～ P389-L6 又修次初……自當了知。

講次	章節	標題	音檔長度	奢摩他校訂本頁/行	福智第三版頁/行
137		依靠寂止行進於勝觀	11'02"	P117-L4～P119-L1 第二、總示……發起加行。」	P389-L7～P390-L6 第二、顯示……發起加行。」
138		世間道與出世間道的勝觀	09'40"	P119-L1～P119-L4 其中世間……無我正見。	P390-L6～P390-L7 其中世間……無我正見。
139		今生以世間道前行的四種補特伽羅（一）	10'45"	P119-L5～P120-LL2 如是得前……毘鉢舍那	P390-LL6～P391-L3 若得前說……毘鉢舍那
140	總示依奢摩他趣道軌理	今生以世間道前行的四種補特伽羅（二）	14'23"	P120-LL2～P121-L3 又菩薩成……自許如是。	P391-L3～P391-L6 又菩薩成……自許如是。
141		奢摩他是內外道共通的基礎	10'18"	P121-L4～P122-L5 若如是者……止觀二法。	P391-L6～P392-L1 由是外道……止觀二法。
142		生起寂止的目的（一）	10'44"	P122-LL5～P123-LL5 生此三摩地……脫生死故。	P392-L2～P392-LL6 生此三摩地……脫離生死。
143		生起寂止的目的（二）	12'36"	P123-LL5～P124-L5 如是亦如……次第時生。	P392-LL6～P393-L1 如讚應讚……次第時生。
144		生起寂止的目的（三）	12'44"	P124-L5～P124-LL2 總之，「先應……趣上道軌。	P393-L1～P393-L4 總應先生……趣上道軌。

387

講次	章節	標題	音檔長度	奢摩他校訂本頁/行	福智第三版頁/行
145		修相靜為相之道前須獲得寂止	14'10"	P124-LL1 ~ P126-L1 第三、別顯……離欲道故。	P393-L5 ~ P393-LL1 第三顯示……離欲道故。
146		了相作意並非第一靜慮之首	11'55"	P126-L2 ~ P127-LL5 又先修成……毘缽舍那。	P393-LL1 ~ P394-LL4 又先具足……毘缽舍那。
147		依靠寂止而對欲界離欲的方法	12'06"	P127-LL4 ~ P128-LL2 第二、依奢……是為能修。	P394-LL3 ~ P395-L6 第二依者……是能修因。
148	別顯往趣世間道軌	七種作意為能因	09'03"	P127-LL4 ~ P128-LL2 第二、依奢……是為能修。	P394-LL3 ~ P395-L6 第二依者……是能修因。
149		雙修止觀方能斷除煩惱	09'17"	P128-LL1 ~ P130-LL5 若此非由……而斷煩惱。	P395-L7 ~ P396-L4 若此非由……而斷煩惱。
150		七種作意漸次摧壞煩惱	16'07"	P130-L6 ~ P132-L1 故修習……永害種子。	P396-L4 ~ P397-L1 修習之理……永害種子。
151		僅修粗靜相道不能度脫生死	11'21"	P132-L1 ~ P132-LL2 此理能離……無我正見。	P397-L1 ~ P397-L5 由此能離……毘缽舍那。
152		修奢摩他法的經論依據	09'56"	P132-LL1 ~ P134-L2 前說修奢……理解之相。	P397-L5 ~ P397-LL1 縱未廣知……善解之相。
153	結頌	奢摩他章結頌	14'30"	P134-L2 ~ P135-LL1 說……如何學法。	P397-LL1 ~ P398-LL1 若於上說……如何學法。

廣論止觀初探 第四卷 學奢摩他法三

造　　論	宗喀巴大師
講　　述	真　如
文字整理	釋如宏、釋如吉、釋如密、釋性由、釋性華、釋如法、南海尼僧團法寶組法師
文字校對	王淑均、沈平川、張慧妤
責任編輯	張瑩瑛
美術設計	吳詩涵、王瓊玉
排　　版	華漢電腦排版有限公司
印　　刷	科樂印刷事業股份有限公司

出　版　者	福智文化股份有限公司
地　　址	105407 臺北市松山區八德路三段 212 號 9 樓
電　　話	(02) 2577-0637
客服 Email	serve@bwpublish.com
官方網站	https://www.bwpublish.com
粉絲專頁	https://www.facebook.com/BWpublish

總　經　銷	時報文化出版企業股份有限公司
地　　址	333019 桃園市龜山區萬壽路二段 351 號
電　　話	(02) 2306-6600 轉 2111
出版日期	2025 年 7 月初版二刷
定　　價	新台幣 520 元
I S B N	978-626-98248-9-2

版權所有・請勿翻印　Printed in Taiwan

※ 如有缺頁、破損、倒裝，請聯繫客服信箱或寄回本公司更換

本書所得用以支持經典譯註及佛法弘揚

國家圖書館出版品預行編目(CIP)資料

廣論止觀初探. 第四卷, 學奢摩他法三 / 宗喀巴大師造論；真如講述. -- 初版. -- 臺北市：福智文化股份有限公司, 2025.07
　　面；　公分
ISBN 978-626-98248-9-2 (平裝)

1.CST: 藏傳佛教　2.CST: 注釋　3.CST: 佛教修持
226.962　　　　　　　　　　　　　114006680